中国共产党诞生地
出版工程

龙华英烈画传系列丛书

杨匏安画传

中共上海市委党史研究室　龙华烈士纪念馆　编

董奇　著

上海人民出版社

出版说明

    2021 年是中国共产党成立 100 周年，为回望早期中国共产党人"革命理想高于天"的信仰力量、艰苦卓绝的开拓斗争、舍生取义的无畏牺牲，从中汲取继续奋进的强大精神力量，由中共上海市委宣传部组织，中共上海市委党史研究室、龙华烈士纪念馆编写龙华英烈画传系列丛书，致敬为真理上下求索、为信仰奋斗牺牲的革命先驱们。

    上海市龙华烈士陵园（龙华烈士纪念馆）是国民革命、土地革命时期著名英烈人物最为集中的纪念地。在新中国成立前中国共产党产生了 171 位中央委员，其中有 42 人牺牲，在龙华牺牲了 7 位，占六分之一；首届中共中央监察委委员 10 人中有 8 人牺牲，在龙华牺牲了 4 位，占二分之一；其他曾在龙华被押过的革命者更是数以千计。丛书首批选取 11 位英烈，按照其生平脉络，选取若干重要历史事件，配以反映历史背景、切合主题内容、延伸相关阅读的丰富历史图片，以图文并茂的方式叙写龙华英烈们在风雨如晦中筚路蓝缕的艰难寻路、为中国革命披肝沥胆的无畏与牺牲，彰显早期中国共产党人实现救国、救民的初心。

丛书所收录的图片和史料多源自各兄弟省市党史研究室、纪念场馆，以及中共上海市委党史研究室、龙华烈士纪念馆等机构的公开出版物及展陈，或源自英烈后代的珍藏。基本采用历史事件发生时期的老照片，但由于年代久远且条件有限，部分无法直接利用的老照片，或进行必要修复，或通过对现存史料进行考证后重新拍摄。

丛书反映内容跨度长、涉及面广、信息量大且年代久远，编写人员虽竭尽全力，但不足和疏漏之处在所难免，敬请广大读者批评指正。

目录

诗词少年

YANG PAOAN

出生北山

　　杨匏安，原名麟焘，又名锦焘，1896年11月6日（农历十月初二）出生于广东省香山县南屏乡北山村（今属珠海市）一个破落的茶商家庭。香山县是伟大的革命先行者孙中山先生的故乡，1925年孙中山逝世后香山县改名为中山县。新中国成立后，中山县又先后改为中山市和珠海市。北山村现属珠海市南屏镇。北山村地处珠江出海口附近，东邻伶仃洋，与澳门一衣

杨匏安

南屏北山村

带水。

　　杨匏安出生时，杨家已经衰落。杨匏安曾祖父杨祖昌是香山有名的坐商，靠经营茶叶、布匹、丝绸和瓷器发家。到杨匏安祖父杨训常这辈时，还把生意做到了南洋、印度和拉美去，可谓富甲一方。鸦片战争后，西方列强用坚船利炮打开了中国的大门，开始向中国大量倾销商品。杨家的生意也就开始日渐衰落了。祖父去世后，杨匏安的父亲杨富祥与叔祖父杨训秩接管杨家的生意，但是情况更为糟糕，最终走到了彻底破产的地步，只得靠在茶庄当雇员养家糊口。杨富祥面对日益穷困的家庭，逐渐忧郁成

杨匏安故居原址

病，英年早逝，留下孤儿寡妇独自生活。

　　杨匏安的母亲陈智出身华侨官商家庭，从小在家塾读书，受过旧式教育。她秉性刚强，爱好诗词书法。在杨家境况还好的时候，她由父母做主嫁到杨家。她曾经生下9个小孩，却只养活了杨匏安一人。因为人丁单薄，也常遭人歧视欺负。她做人有骨气，尽管生活贫寒，却从不愿受娘家的嗟来之食。她一边做女红维持家计，一边教儿子识字读书。在丈夫去世后，她扛起了这个

杨匏安母亲陈智　　　　杨匏安庶母关秀英

家，靠自己的本事来养活自己，带大孩子。杨匏安的庶母关秀英，原来是陈智的贴身婢女。陈智很喜欢她，所以在出嫁时，将她陪嫁到了杨家，后来让她做了杨富祥的妾。关秀英心地善良、身强力壮、勤劳淳朴，对非己所出的杨匏安也是非常疼爱。就这样，杨匏安在两位妈妈的精心养育下健康成长。

　　杨匏安小的时候，母亲陈智就经常给他讲英雄人物的故事，刚学会说话，就教他背诵儿歌，朗读唐诗宋词。杨匏安学得津津有味，后来杨匏安说自己"幼时颇有诗癖"。陈智在讲故事中教育孩子要明事识理，要学会做人。她还向孩子讲述帝国主义列强在瓜分中国的狂潮中所犯下的种种罪行。杨训秩有个儿子叫杨章

澳门大三巴

甫，虽是杨匏安的堂叔，但只比杨匏安大两岁。陈智还专门抽出时间，与杨训秩一起，带着杨匏安和杨章甫到澳门附近，参观了望厦村。望厦村是澳门城外的一个小村，1844 年美国强迫清朝政府在此签订《望厦条约》，成为加在中国人民身上的又一条沉重的枷锁。望厦村之行，在年幼的杨匏安脑中留下了深刻的印象。

　　杨匏安从小受母亲的熏陶和教育，三四岁时已会背诵许多诗词古文。6 岁时，杨匏安进杨家大宗祠读私塾，不久就能通读《千

杨氏大宗祠

字文》《三字经》《百家姓》等启蒙课本，并且开始学习写作诗词。陈智为使儿子有更好的发展，找叔父杨训秩商量，最后两家商定，筹钱将杨匏安、杨章甫一起送到村外的学校去读书。

1906年，11岁的杨匏安和比他大两岁的堂叔杨章甫一起，被家人送到前山寨恭常都小学读书。恭常都小学又叫恭都学堂。杨匏安在学堂勤奋努力，所有课程都学得很出色。在入学的第二年，因学习成绩优异而获得每月数元钱的"膏火"奖励。杨匏安各门功课都很好，特别对诗词有着浓厚的兴趣，在诗词创作上也很快显露出了过人的才华，创作了不少的诗词作品，时常受到师友亲朋的夸奖。后来他在《诗选自序》中称少年时"谬以诗文词见称朋旧"。

在恭都学堂的 5 年，杨匏安除了学习各种知识，还经历了与当地人民一起进行反抗外国殖民主义者的斗争。1908 年，澳门葡萄牙殖民当局为扩大侵略，开始了蚕食中国国土的行动，这激起了香山人民的愤怒和反抗，特别是杨匏安老家所在地的前山、湾

1909 年 7 月，清政府与葡萄牙就勘定澳门界址问题进行谈判。广州、香山、香港等地先后成立勘界维持会，坚决反对葡萄牙扩占澳门。图为澳门关闸

仔、南屏一带，民众的反抗激情更加高涨。杨匏安当时就读的恭都学堂，就处在这场斗争的中心。每天民众集合示威的抗议声、呐喊声深深地感染着恭都学堂的师生。于是，他们也参加到群众斗争的行列。当时，学校里已有同盟会的成员，他们接受同盟会的委派到恭都学堂任教，并建立秘密据点发展组织，经常在师生中宣传孙中山的民主革命思想，引导学生树立救国救民远大志向。此时，在学校担任教师的同盟会革命党人挺身而出，进行组织发动工作。杨匏安和杨章甫在这些爱国老师的带领下，积极参加斗争。他们和同学们一起制作标语、印发传单。大家还一起列队参加群众的集会示威活动，声讨、抗议葡萄牙殖民主义者的扩大侵略行为。参加家乡人民保乡护国斗争，让杨匏安感受到人民群众的伟大力量。他在回校后写下了大量赞颂人民群众保乡卫国英勇事迹的诗文。同时，在恭都学堂读书期间，杨匏安也听了不少革命党人关于西方列强侵略和企图灭亡中国、清政府出卖国家领土和主权并残酷镇压人民爱国运动的宣传，他年纪虽小但逐渐感受到国家和人民正处在危险之中，中国迫切需要寻找一条新的出路。

广州求学

1910 年，杨匏安以优异的成绩考上了著名的广东高等学堂

广雅书院课卷　　　　广东广雅中学今貌

附中。杨章甫也同时考上了这所学校。广东高等学堂原名是广雅书院，是清末洋务派首领两广总督张之洞于1888年创办的著名学府。1898年戊戌变法后，广雅书院增设西洋课程。1902年广雅书院改名为"两广大学堂"，1906年停招广西学生后又改名为"广东高等学堂"。在恭都学堂读书时，杨匏安家庭贫困，母亲为了筹集他的学费，日夜操劳，即使这样还常常赚不够杨匏安读书的费用。这次为了支持杨匏安到广州读书，母亲陈智毅然决定把家里仅有的三亩地卖掉。这年秋天，杨匏安告别母亲与庶母，和堂叔杨章甫一起，踏上了到广州求学的路程。杨匏安入学不久，辛亥革命爆发。社会上兴起"废学堂，兴学校"的改革。随后，广东高等学堂改名为广东高等学校，1912年10月再改名为"广东省立第一中学"，简称"省立一中"。

学校改名前后，由著名国学家吴道镕、诗人黄节相继任校长，设有数、理、化、日文等课程。杨匏安在省立一中读书期间，在学完学校规定的15门学科的课程之外，还广泛学习了国学和诗词等方面的知识。当时学校里吴道镕、黄节等一些有名的老师发起创办了"后南国诗社"，结集展览过许多先贤和名家的作品。杨匏安有意识地跟他们学习，诗社的活动每次都争取参加，在诗词写作上受益匪浅。在他们的指引下，他打下了深厚的

吴道镕

黄节

文史基础。

　　在省立一中就读期间，杨匏安还广泛接触了洋务派、改良派、资产阶级革命派、无政府主义派等各种社会思潮。广州是我国无政府主义活动最早的地区之一，香山县的留日回国学生刘师复及其亲戚郑彼岸、郑佩刚兄弟等人，在辛亥革命之前就已开始了无政府主义思想的宣传活动。辛亥革命后的1912年，他们在广州成立了无政府主义组织"晦鸣社"，1913年秋季出版发行一份名叫《晦鸣录》的刊物，向广州市民尤其是向学生界公开宣传他们无政府主义的主张，在省立一中造成较大的影响。杨匏安因

无政府主义刊物《晦鸣录》

为乡亲和同学的关系，也与他们有过接触。省立一中同时也是洋务派和改良派的基地，他们的思想在这里有深远的影响，杨匏安对他们的主张也有较多的思考。而资产阶级革命派对他的影响则更为直接，孙中山是杨匏安的同乡，孙中山的革命活动又都是发生在他身边的事情，他是亲眼目睹、亲身感受过的。

他在广州求学时期，正值辛亥革命爆发之际，民族危机重重，政治风云变幻莫测，社会动荡不安，民众渴望变革，青年学生对社会现实强烈不满，都希望能找到救世的良方。杨匏安对各种社会思潮进行了广泛的接触、了解和思考，但在当时还是基本赞同"实业救国"和"教育救国"，希望通过大办教育、大办实业来振兴国家。

辛亥革命爆发时，杨匏安的家乡香洲、前山一带，就有清政府的新军起义响应革命，攻下了香山县城，宣布实行"共和"。可是不久，辛亥革命的果实被袁世凯篡夺了。孙中山随即发动讨伐袁世凯的"二次革命"，但也很快就失败了。袁世凯的走狗龙济光等军阀，也从云南进入广东肆意掠夺，他的土匪队伍就驻扎在香山，到处奸淫掳掠，无恶不作。辛亥革命时逃到港澳的反动官绅则卷土重来，对民众反攻倒算，香山城乡一片乌烟瘴气。原来的革命党人也是走的走、散的散。杨匏安入读省立一中的这几年，亲眼目睹了政局的反复变幻，孙中山革命党人领导的革命一次接着一次的失败。他看到政治风云的激变，看到孙中山等革命党人创建的民主共和国名存实亡，看到祖国的大好河山满目疮痍，国土破碎，豺狼当道，心情十分沉重。他感叹："霜气已沉文物改，云流垂尽管弦凄。"他学业已成，前途茫然，不禁徘徊怅惘，思绪万千，祖国的出路何在？自己的出路何在？他辗转彷徨，却找不到明确的答案。

恭都蒙冤

这时，与杨匏安一起即将毕业的堂叔杨章甫了解到母校恭都学堂正由他们的亲戚、革命党人刘希明当校长。刘校长传话说，自从龙济光土匪军来了之后，学校中的教师因害怕，走了一些人，恭都学堂现在正缺人，希望他们毕业后能够回母校去任教。杨匏安这时也受香山同乡郑观应的《盛世危言》的影响，比较赞同"教育救国""实业救国"等观点，认为中国贫弱在于缺乏教育，听到刘校长的传话后，觉得到学堂去教书也符合自己教育救国的想法。同时，这时的杨匏安也特别需要一份工作帮补家里的生活，商量之后决定与杨章甫一同回母校恭都学堂当教员。

1914年夏天，杨匏安和杨章甫怀着美好的理想回到家乡，迫不及待地来到恭都学堂开始他们的教师生涯。他们年轻，朝气蓬勃,又与学生平等相处,处处与学生打成一片。杨匏安、杨章甫的到来,给恭都学堂带来了一股清新的风气。他们学识渊博,讲课认真生动,辅导耐心细致,大家很快就喜欢上了这两位年轻的先生。

但他们也发现学校有个别老师对他们好像有很大的成见,于是就去问比较熟悉的吴老师。吴老师告诉他们,刘校长原来也是革命党人,早年曾以恭都学堂为秘密据点开展革命活动,在1911年还曾响应辛亥革命,联系当地群众参加武装起义。但辛亥革命后就以"革命功臣"自居,尤其在当了恭都学堂的校长以后,更是变本加厉。他平时待人态度骄横傲慢,排挤异己,竟还投靠了袁世凯的走狗军阀龙济光。他肆意侵吞公款,利用职权将办学经费拿去放高利贷以谋取私利,造成办学经费的严重亏空,连教师的薪俸也常常不能按时发放,所以离校的教师越来越多。杨匏安、杨章甫这才恍然大悟。于是,杨匏安、杨章甫和吴老师找校长交涉,刘校长粗暴蛮横,强词夺理,激怒了这三个血气方刚的年轻人。三人一纸诉状告到香山县教育局,揭发校长的贪污行径。而刘校长到县政府、县教育局去收买官员,反咬一口,诬告他们"结成团伙,图谋不轨,捣乱学校"。县政府不分青红皂白,直接把杨匏安、杨章甫和吴老师三人抓进了监狱。

他们的家人得知消息后非常焦急。杨匏安的母亲陈智疏通关系后，在香山县监仓与杨匏安等人见了面，了解了事情的真相。回到北山村后，陈智把三家人约到一起商讨对策。经过情况交流，大家都知道自己的孩子是被冤枉的，都迫切希望将他们尽快救出来。陈智说，最好的办法就是尽早地将事情的真相公布出去，靠社会的力量来救他们。于是，她亲自写状纸，揭露事情的真相。状纸写好后，除了由她直接送交官府外，三个家庭还派出人手，快速发到社会的各个方面，以引起社会的广泛同情。陈智把状纸送到香山政府后，到处奔走呼号，联络县城里的关系、所有的亲朋好友、澳门的香山同乡会等人，向他们讲明事情的真相，请他们帮忙营救三位年轻人。她还特地和杨章甫的父亲杨训秩、吴老师的家属一起到香山县政府门前喊冤。经过杨匏安的母亲陈智等人的不懈努力，最终政府迫于社会舆论的压力，在关押杨匏安等人数十天后，把他们放了出来。这一次入狱的亲身经历，让刚刚走上社会的杨匏安看到了社会的黑暗。

东渡游学

YANG PAOAN

东渡日本

出狱后，三个年轻人的工作又成了问题。这时，吴老师说有个姐夫在日本横滨经商多年，在那里比较有地位，可以前去投靠，先找份工作做，有了稳定的经济来源之后再读书。杨匏安和杨章甫的英语和日语都还不错，吴老师也略懂日语。于是三人决定到日本半工半读，此举也得到了家人的一致赞同。杨匏安母亲陈智非常支持儿子去日本游学的行动，她和关秀英一起走亲串友四处借钱，为杨匏安筹到了去日本的旅费。

1915年春，杨匏安、杨章甫和吴老师三人远涉重洋，东渡横滨，正式开始了游学日本的生活。三个年轻人搭乘的货轮出澳门，过香港，经上海，一路乘风破浪来到了日本横滨。船一靠岸，他们顾不上旅途的劳累，就拿着记好的地址急匆匆地赶去找吴老师的姐夫。吴老师带着杨匏安、杨章甫二人在横滨市穿街走巷，反复问路，终于在唐人街的一间洋行里找到了他的姐夫。吴老师的姐夫是在横滨市工作多年的洋买办，但是为人十分势利。他问他们为什么到横滨来。他们实话实说，说自己被人诬陷"图谋不轨"被抓进去坐牢，现在刚从监狱出来，想在日本工作和读书，希望能得"姐夫"的关照。这个洋买办在得知他们原来是"罪犯"之后，很怕被牵连，摊牌说他那里庙小，容不下那么多菩萨，最多是他的小舅子可以留下来，其他的人他就无能为力了。这就等于向杨匏安、杨章甫下了逐客令。吴老师也是非常无奈，杨匏安、杨章甫决定自己闯一闯。

但是，两个年轻人在横滨到处碰壁。无奈之下，杨匏安和杨章甫来到了中华会馆，接待他们的是一位名叫潘兆銮的少年，也是从广东来横滨游学的。他对杨匏安和杨章甫的处境深表同情，并亲自带他们去寻找住处。最终，他们租到一间小阁楼，这才安顿了下来。房子虽小，但价钱便宜，也比较安静。因带来的钱不多，他们需要尽快找到工作，不然很快就会陷入饿肚子和无钱交房租的困境。但人生地不熟，要很快在横滨找到工作又谈何容易。为了生活，他们只能先靠找些零活度日，有时不得不去干那些偶尔找到的粗重的临时工，但也很难维持正常的饮食和房租开支。有时为了能按时交房租，不得不典当一些带去的书籍、衣物。他们常常交不起房租，脸皮又薄，怕见房东，听到房东上楼梯的脚步声，心里就紧张。杨匏安"避债怕闻梯得得"的诗句，就是他们当时生活的真实写照。

尽管生活困难，处境艰难，杨匏安也没有忘记学习。他每天都坚持学习，购买学习资料。他的日文在国内已有基础，由于刻苦用功，到横滨不久他就能顺畅地阅读日文、英文的报刊书籍，很快也能从事翻译工作了。杨匏安在浏览横滨的书店和街边书摊时，发现了大量在国内未曾见过的新书，这些新书里有着他在国内从未见过的新思想、新理论。他经常跑书店，钻图书馆，如饥似渴地研读这些日文版的有关西方各种新流派的学说，这也为他日后回国发表大量的译著奠定了基础。而且，杨匏安还发现，书摊会出售个人自编自印的书稿、小册子等。杨匏安从书摊中买了一些新书，产生了自己创作的想法。杨匏安决定把自己前段时间被陷害、入狱的经历写成作品，自己刻印，再委托书摊销售。这样做，可以向华侨同胞揭露事情的真相，出这口冤气，还可以换些钱来补贴生活。他与杨章甫决定这个作品的主题就是要把冤案的黑暗内幕揭露出来，让人们了解事情真相，看后豁然开朗，即"原来如此"的感觉。所以，他们干脆把这个作品取名为《如此》。

说干就干，事情定下来后，杨匏安当天就动手投入写作。他挑灯夜战，奋笔疾书，一本洋洋洒洒数万字的文学作品《如此》就正式面世了。《如此》讲述了中国广东的三位年轻有为的教师为何流落日本横滨街头的故事。杨匏安在文中真实地记述了他们三人因举报校长贪污而蒙冤入狱的经过，向华侨同胞控诉家乡军阀豪绅的罪恶，倾诉了自己的悲愤之情，揭露和控诉了旧中国的黑暗，引起了社会的普遍同情。

潘氏托孤

杨匏安住处的隔壁是个女私塾，主人叫潘雪箴，是康有为的堂弟妇，也是一位热爱祖国、富有民族气节的华侨老师。潘老师年过五十，与儿子康佛、女儿康若愚一起生活。杨匏安、杨章甫在这里安顿下来后不久，即认识了潘老师一家。潘老师为人正直，乐于助人，有强烈的爱国心和同情心。她对杨匏安等人的遭遇深表同情，多次介绍学生买他们自编的刊物。潘老师知识渊博，尤其爱好诗词文学，气质温文尔雅，谈吐大方得体，很受学生敬重。杨匏安与她志趣相投，有事喜欢向她请教，常与她谈论诗文，两人很快结成忘年之交。

潘雪箴在上课之余，常邀杨匏安和杨章甫到家中，谈天说地，纵论古今。既有诗文的唱和，也有对文学著作的鉴赏，还有对各种思潮的探讨。时间久了，连潘雪箴的儿子康佛、女儿康若愚也成了杨匏安的好朋友。潘老师一家三口既是他的良师益友，也像他的亲人。他的不幸遭遇得到她们充分的理解和同情，他的生活得到她们多方的关心和照顾，他的学习更得到了她们细致周到的指导和帮助。潘老师给予他的是母亲般的关怀和爱护，康若愚两兄妹给予他的是兄弟姐妹般的关心和照顾。

杨匏安在频繁地向潘雪箴老师请教和交流学习心得的同时，

也结识了陈大年、陈树人、容伯挺和潘兆銮等一批在日本的早期革命党人。陈大年早年在法政学堂学习之后，与陈树人一起在横滨华侨学校任教。他从中华会馆那里获得了杨匏安写的《如此》，读后唏嘘不已，既同情他的身世，又不平他的遭遇，更叹服他的文采。他与陈树人相约，见到了杨匏安和杨章甫。之后，陈大年还介绍杨匏安与容伯挺认识，两人见了相谈甚欢，容伯挺也很欣赏杨匏安的才华，希望他在日本好好学习，以后好回国工作。他对杨匏安说，现在传到日本的世界学说很多，应该好好地收集，进行研究，看哪些对我们中国有用。杨匏安还因陈大年和陈树人的关系，在日本认识了画家、美学家高仑。

杨匏安对文学和社会科学有着浓厚的兴趣，每次去书摊、书店都要捧着这类书籍看上大半天，而且每次都不会空手回来。买回来的新书和杂志，又往往非要在当天一口气读完不可，所以常常弄得彻夜未眠。杨匏安买的书越多，看的书越多，要思考的问题也就越多。因此，他经常去潘老师那里请教问题。他与潘老师交谈的话题非常广泛。最初谈的多是诗词歌赋、国内国外文学和美学，有时是杨匏安来专门谈托尔斯泰的《复活》等，有时是潘老师请杨匏安来唱和诗词。潘老师的儿子康佛也很喜欢诗词，当他的母亲与杨匏安唱和诗词时，他也会参加。他还专门写了一首词《虞美人》赠给杨匏安，杨匏安也和了他一首。但后来，杨匏安来谈的问题大多数涉及社会科学了，包括社会学、社会心理学、青年心理学、西方哲学、唯物论、唯心论、无政府主义、社会主义、共产主义，等等。有时候一谈就是一个晚上。

杨匏安按照师友们的指点和所提供的帮助，有计划地看书学习，他整日跑去书店阅读学习马列主义日译本，晚间又常与潘雪箴老师等就共产主义等问题进行探讨。这样，在日本游学期间，他就广泛地涉猎了社会科学的各类学说，积累了丰富的信息，尤其是比较多地收集和接触了各种社会主义思潮流派的资料，为他后来选择和传播马克思主义打下了基础。据潘老师的女儿康若愚后来回忆说：杨匏安初到横滨时，还常和国内的无政府主义者通信，后来自学了日文版的马克思主义译著，思想就渐渐变了。

随着时间的推移，潘雪箴一家与杨匏安的友情日浓。尤其是康若愚还对杨匏安产生了爱慕之情。杨匏安在潘家的关照下，生活状况也大为改善，学习则更加刻苦。可是好景不长，1916年秋天，潘雪箴老师生病，请杨匏安代课，没想到竟一病不起。一周后，这位爱国的华侨老教师就溘然长逝了。临终前，她将一对儿女托付给杨匏安。潘雪箴是杨匏安的忘年之交，又像恩师和慈母。她的离世，使杨匏安感到无限的悲痛。他请杨章甫来帮忙，及时地把潘雪箴老师不幸辞世的噩耗通报给她的亲朋好友和学生，并由她的学生们捐款筹集了全部的丧葬费用，比较风光地办理了潘老师的后事。

母亲去世后，康佛、康若愚的情绪一度比较低落，杨匏安经常安慰他们。有一天杨匏安写了《菩萨蛮回文词》一首，赠给康佛兄妹俩：

鸟啼愁处红花笑，笑花红处愁啼鸟。游客莫多愁，愁多莫客游。树摇蝉咽苦，苦咽蝉摇树。长夏困怀乡，乡怀困夏长。

康家兄妹在他的安慰开导下，也慢慢积极起来。

| 三 |

五四前后世界观的转变

澳门任教

杨匏安的母亲陈智由父母做主嫁给杨富祥后，虽曾生育九个孩子，但只养活了杨匏安一个，而丈夫又英年早逝，家境衰落，人丁单薄，备受别人欺负。所以，1916年，杨匏安刚满20岁，母亲就忙着四处物色儿媳妇的人选。

陈智选到家在香山县翠微乡的姨丈的堂侄女吴佩琪时，恰好杨章甫回国奔父丧，她了解到杨匏安在日本没有稳定的职业，生活过得很艰苦，很是心疼。因此，当1916年立秋刚过，她就毅

杨匏安妻子吴佩琪

然决定，让杨匏安回国成亲。她请人选好良辰吉日，准备让杨匏安回来迎娶吴佩琪。她把一切安排妥当后，即以"母病"为由，向杨匏安发去急信，要他速速回国。

潘雪箴去世后不久，杨匏安在日本横滨就接到母亲重病、催其速返的电报。杨匏安对章甫的父亲过世，自己不能回去尽孝已心中有愧，现在母病，再不回去，更是于心难安。但自己在日本的学业还没有完成，潘氏兄妹还需要他的帮助。所以，杨匏安在接到母亲病重的急信后，犹豫不决。康佛、康若愚兄妹劝他先不要顾及他们，要他赶快动身回国侍奉母亲，可以先看国内环境怎样再与他们商量回国的事情。这样，杨匏安稍作安排后，即匆匆从日本回国探视母亲。

杨匏安日夜兼程，从日本横滨赶回北山村。然而，呈现在他面前的却是张灯结彩、喜气洋洋的景象。见到母亲后，陈智把实情向杨匏安说了一遍。杨匏安这才得知，母亲是为了催促他早日完婚而谎称重病，且已为他订婚，对象就是翠微乡姑娘吴佩琪。杨匏安思绪极乱，只得把在日本的境况和盘托出，说自己在日本认识了一位姑娘，这位姑娘的妈妈和哥哥对他也很好，有知遇之恩。这姑娘的一家，人生际遇也很悲惨，在国内曾受到朝廷通缉、迫害，逃亡日本后也未过上安稳的日子，前不久姑娘的妈妈又突然染上重病，不久就去世了。她妈妈临终前，将女儿的终身托付给自己了。这位姑娘现在年纪尚小，还不能自立于社会，自己回国前，已与兄妹俩商议好，如果国内形势平稳，就接他们回国。

但事已至此，也无商量余地。一是，倘若退婚，对各方都不好；二是，母命难违。杨匏安不得不忍痛割爱，他写了一封长信给尚在日本的康若愚，向她解释了发生的变故。杨匏安的母亲陈智也把潘雪篪托孤的事挂在心头，就给在日本的康佛、康若愚兄妹写了一封信，表示了她对他们母亲潘雪篪的敬仰，感谢他们一家曾给予她儿子杨匏安的关照，表达了很想收两兄妹为干儿子、干女儿的心愿，盼他们回国一起生活。她把信交给杨匏安，叮嘱他一起寄给康若愚。这样经杨母的安排，返回国内的康若愚拜杨母为干娘，与杨家一直保持密切联系。杨匏安也从未放弃过当初对潘老师的承诺，他关心康若愚的成长，关心她的工作，关心她的婚姻和家庭，并影响和引导她走上革命道路，毕生为革命作贡献，终生与她保持着友谊。

吴佩琪嫁到杨家后，尊敬长辈，勤俭持家，对丈夫也很关心体贴。杨匏安成亲后，很快就在澳门找到了一份工作。澳门有个老板办了一间私塾，专门教自己和亲友的孩子，特聘杨匏安为私塾教师。出国游学之前，杨匏安已在恭都学堂担任过老师，现在去教私塾当然是游刃有余。1916年9月间，他将全家迁到澳门去居住，跟随他在这里生活的，除了母亲陈智、庶母关秀英、妻子吴佩琪之外，还有他的堂弟杨应广（杨青山）。杨应广5岁那年，母亲病危，临终前将他托付给杨匏安的母亲陈智。迁到澳门那年，杨应广刚好11岁，正需要读书求学，杨匏安把他带在身边以便接受教育。一家人在澳门安顿下来后，杨匏安就接到康若愚和她哥哥康佛要回国的来信。在告知母亲后，他立即去信通知他们到澳门。1916年10月间，康佛、康若愚兄妹应杨匏安和他母

1926 年的杨青山（右）

亲陈智的盛情邀请，来到澳门。

但康佛、康若愚在澳门工作也并不顺利。杨匏安家中人口多，生活比较困难。他想到了一个改善家庭生活的办法。在横滨时他就发现康若愚有一个特长，就是善于造纸花。于是，他让康若愚教家人造纸花拿到市面上去卖。陈智和康若愚负责统筹、设计款式、采购材料，康若愚专门教授，全家人都参与学习和制作，庶母关秀英带着杨应广外出销售。全家的生活有了一定的改善。吴佩琪学会做纸花后，一直以这门手艺作为养家糊口的依靠。杨匏安又联系康有为在澳门的弟子，特聘康若愚前去担任家庭教师。这样，康若愚和杨匏安全家的生活才相对稳定下来。

在澳门时期，杨匏安结识了一些教育界、文化界的朋友，常常和他们相聚在一起，谈诗论词，倾吐心事。杨匏安漂泊澳门的日子里，有一段时间心境是很差的，因此也写了大量的诗词。他当时写的五律诗《消夏》(一年后在《广东中华新报》上发表)，就是这种心境的写照：

春衣典尽觉身轻，日日江头著屐行。不作词人防感喟，偶同渔父话虚盈。人闲只合看云坐，世乱聊为带雨耕。我已无心问哀乐，残蝉何事倚高鸣？

杨匏安这一阶段写的七律诗《钓》，也反映了他在澳门时的心境和生活状况：

> 收拾诗篇理钓竿，潺湲秋水辨微寒。居夷有此宁为陋，合辙于今倍觉难。霜叶争霞明水际，风帆向晚走云端。单襦皂帽萧条甚，老却天涯管幼安。

据杨匏安的亲属回忆，杨匏安早年创作了大量的诗词，曾经自己编有诗集《寒灰集》，可惜现都已失传。我们有幸见到的只是他后来发表在《广东中华新报》的几首。其中《登东望洋山同沛功粟一分韵得洋字》《下山小饮》《过无庵小饮、并柬章甫》，也从一个侧面记录了他漂泊澳门时的生活。从这些诗中可见诗人当时的心境是忧伤和苦闷的。

杨匏安还为堂叔杨章甫的事情及其一家的生活问题感到忧虑。杨章甫号称是他的堂叔，但只比他大两岁，从小一起长大，一起读书，一起工作，一起出国游学，感情非常深。那年，杨章甫的父亲病逝，他从日本回来奔丧，料理完父亲的后事后，就接过了照顾全家生活的重担。他把全家十几口人迁到澳门居住，在澳门办了一间书院，一面教授学生以维持生计，一面教自己的6个弟妹。但由于不善经营，书院收入并不好，家庭经济拮据，生活的担子越来越重，精神也处于快要崩溃的地步。有一天，他嘱咐弟弟杨一行照看书院和家人后，自己出家当和尚去了。杨匏安知道这个情况后，一方面设法帮助杨章甫一家解决生活困难，另一方面又想办法劝章甫还俗。最后，出家的杨章甫在杨匏安和一众亲友的相劝下，终于觉悟过来，还俗回家，继续与大家一起过日子。

杨匏安在澳门的日子里，虽然生活艰辛，但仍自觉保持读书、学习、做学问的习惯，也开始向期刊、杂志投稿，发表文章。迄今为止，发现他最早发表的文章，是 1917 年 10 月 15 日发表于上海《东方杂志》的一篇译作，题目叫《原梦》，是从日

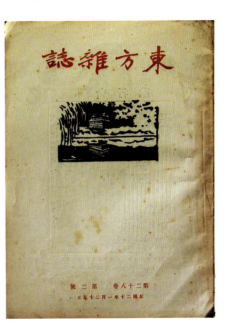

《东方杂志》封面

本市村氏的《变态心理之研究》一书中翻译过来的。文章约 4000字，对人的做梦这一重要的生理现象，进行了深入的研究和分析，论述了梦与睡眠、梦与意识、梦与吉凶预测、梦与精神病等的关系。1918 年 5 月 15 日，杨匏安又发表了《晕船之防止法》一文。文章结合实际和个人体会，生动有趣地介绍了防止晕船的15 种方法。在轮船等先进交通工具大发展之际，文章的发表适应了人们乘船远行的需要，很有实用价值。

转移广州

1916 年入冬后，杨匏安在日本横滨结识的一批革命党人、新闻界和教育界的朋友也陆续回到广州。陈大年和容伯挺在广州第七甫创办了《广东中华新报》，由容伯挺担任社长，陈大年担任总编。1917 年底，他们邀请在澳门的杨匏安来当兼职专栏作家，同时介绍他到中学去任教，受到邀请的还有杨匏安在澳门的诗友贺无庵等人。

杨匏安决定接受邀请，同时动员堂叔杨章甫也和自己一起去广州。最后，两人约定杨匏安一家先去，杨章甫把澳门的事务处理完之后再去，两家人都寄居在杨家祠。广州的杨家祠，位于广州越华路旧省长公署左侧，是由北山杨氏家族出资供杨氏子弟赴省城广州读书应试而兴建的祠堂，至今已有百余年的历史。北山

《广东中华新报》社所在地周边今貌

杨家祠今貌

杨家的读书人，来往广州是可以在那里居住的。1918年春，杨匏安带着一家老小迁往广州，在杨家祠后座东厢住了下来。跟随杨匏安在那里寄居的有母亲陈智、庶母关秀英、妻子吴佩琪及未满一岁的大儿子杨文达，还有堂弟杨应广（即杨青山）和义妹康若愚等。伴随着杨匏安的到来，这里也逐渐成了五四运动前后广州新文化活动的基地。

1918年春节刚过，杨匏安就为工作的事情忙开了。他来到位于广州西关第七甫第五十八号的《广东中华新报》报社，找到陈

当时的广州街头

杨匏安画传

大年与容伯挺。他们向杨匏安介绍了《广东中华新报》的情况，还说为了突出"新"，他们刚刚开设了一个"世界新语"的专栏。杨匏安在日本广泛研读了世界各地的新学说，很适合办这个专栏，所以请他做这个专栏的作家。另一份工作是到时敏中学当教务长，但时敏中学这些年经营不善，经费常常不足，让他对此要有思想准备。

杨匏安在担任时敏中学教务长之后，在教学工作中大力倡导国学，加强国学教育。他认为现时国政之所以不和谐，民困国弱，礼教废弛，这都与国学教育的不强有关，因此在中学加强国学教育意义重大。他自己在履行教务长职责的同时，还直接向学生讲授国文课，并经常举办中国诗词知识专题讲座。

杨匏安还在广州道根女子师范学校为康若愚找到一份教师的工作，半年后，康若愚被推选为道根女师的校长。她邀请杨匏安到女校讲授诗词。杨匏安认为"诗文一道，首贵无俗气。外质中膏，声希趣永者，上也。然欲诗文之无俗气者，必其人先无俗气，外欲其人之无俗气者，则举凡流俗所趋之事，非斥去不可"。在教学生时，要求学生"义取敦本务实，辞唯绝俗清高"。他把这些观点写成《诗选自序》，连同讲义一起发给学生。不久，杨章甫举家迁来广州，居住在杨家祠后座的西厢，杨匏安为杨章甫在广州培正中学找到了工作，担任培正中学国文和

培正中学

英语教师。

　　杨匏安在时敏中学任职的一年，劳碌而辛苦。他既要做好教务长的工作，又要上好国文课，还要搞专题讲座和编写教材，在学校里还要承受诸如"不懂新教育"等闲言碎语的议论。为了支持康若愚的工作，他还要到道根女师去讲课。与此同时，为履行他专栏作家的职责，他还需要不断给《广东中华新报》写稿。在家庭方面，他要安排好一家几口人的生活，承受着生活重压。但他这时的人生态度，已不是澳门时期的消极苦闷，而是积极向上，努力进取，对未来充满期望。

　　杨匏安在广州的工作，除了在中学教书，还有就是给《广东中华新报》写稿。他本来就是应好友陈大年的邀请来广州当"世界新语"专栏作家的，当然也是为了谋生。正如他的亲属们说的，他"所以在教学之余昼夜写稿，起初的目还是想赚点稿费，以弥补家用"。杨匏安从1918年3月初开始，在《广东中华新报》发表了一系列文章。据统计，仅从1918年的3月2日至3月27日，在不到一个月的时间里，他就在"世界新语"专栏发表了《黠医》《印人》《窃疾可治》《义妇岭》《欺诈取财》《避债》《智妇》《波斯老人》《轻薄》《画史妙机》《英王之词令》《孝子证父》《远识》《王呆子》等15篇文章。从3月到5月间，杨匏安还以《迁善》为题翻译和发表了托尔斯泰的小说以及祁兰德的《滑铁卢之战》等。从1918年3月至1919年2月还先后发表了他在澳门和广州写的十多首诗词。据考证，杨匏安也是在担任《广东中华新报》的"世界新语"专栏作家的时候，开始使用笔名"匏安"的。

《王呆子》是杨匏安写的第一篇短篇小说。小说用浅白的文言文写成，约4000多字，从1918年3月14日起，分8天连载在《广东中华新报》的"世界新语"栏目中。内容反映了中国农村贫富对立、阶级压迫的现实，其基调是反对封建压迫。《王呆子》的故事梗概是，有一位绰号叫王呆子的贫苦青年农民，他的母亲因天旱歉收病死后无钱收殓，他的父亲向村中富人恶霸郑氏借钱，被其趁机逼死，并抢走了他的姐姐，后来还被殴打至死。在失去三个亲人之后，王呆子不仅不思报仇，反而麻木不仁，路遇仇人郑氏恭敬有加，站在路边鞠躬行礼，乡亲们不齿其为人，骂他没有心肝。他反而为郑氏说好话，说如无郑氏，那他的父母和姐姐的尸体将暴尸荒野，被豺狼吃了。他进而跑到郑氏家中，请求为其做工。郑氏见他对其不记仇，便将他留下。他在郑氏家非常勤劳，服侍主人唯恐不周，逐渐取得了郑氏的信任。到清明节的时候，郑氏要上山扫墓，就让他带上锄头，挑着祭品，带着郑氏6岁的儿子一齐前往。到墓地后，他低头锄草，而郑氏偕子跪拜，他乘其不备，举起锄头猛击其脑后，还取出怀中匕首猛刺之，奋力撕裂其胸，挖出其心脏掷于地上，然后向天大声哭喊，呼唤父母和姐姐的亡灵。原来，王呆子并非是真呆，他一直是利用装呆来等待复仇的时机。他在杀死仇人的时候，本可以同时杀死仇人的儿子，但他没有这样做，他对吓呆了的郑氏儿子说：“你父亲万恶，本应无后，本应将你一块杀死，但我不能像你父亲那样残忍，现在就放你一条生路。”说完就将小孩绑在树上，隐入山林。杨匏安在说完了这故事之后发表评论说：“豫让吞炭，渐离击筑，悲且壮矣。然兹二人，国士也，其为此固宜。若王呆子者，闒茸猥琐，未尝闻古人义，乃驱于天性，激于怨毒，忍死含垢，卒推刃仇家，其愚（义）宁可及哉！郑氏多行不义，丧身竖子之手，其货财妾媵，后且皆不保；君子于此，窃有感焉。"

杨匏安在这篇小说中，抒发了对被压迫被剥削的劳动人民的深切同情、对封建压迫和旧社会的无比憎恨，把伸张正义的愿望寄托在被迫害的年青一代贫苦农民的复仇行动上。《王呆子》是中国文学革命发展史上最先触动到农村农民反封建斗争这个主题的作品。而且，杨匏安笔下的王呆子在暴力反抗封建压迫时，是较为有理性、有思想深度的。这在五四前期以农村为题材的小说中，是难能可贵的。这正是杨匏安寄以希望的地方。杨匏安在《广东中华新报》所发表的一系列文章，也受到社会的积极肯定。总编辑陈大年写文称赞说："友人杨匏安，文字雅洁，一望而知曾致力于古文者。"

1919 年，是我国历史上发生伟大变革的一年，在五四爱国运动和新文化运动的影响下，杨匏安的世界观、人生观也发生了重大转变。他开始从更深更广更高的层次和角度去观察、思考和分析中国与世界的问题。杨匏安在参与创办《广东中华新报》的同时，也在南武中学和广东省立第一甲种工业学校（简称甲工）兼一些课。1917 年杨匏安准备由澳门来广州的时候，正是俄国十月社会主义革命爆发的时候，而第一次世界大战也已经打了 4 年。广东毗邻海外，海陆交通方便，消息便利。俄国十月革命于 1917

苏弗·谢罗夫创作的油画《列宁宣布苏维埃政权成立》

年11月7日爆发，《广东中华新报》在11月23日就作了报道，之后对十月革命还有过多次报道。该报还预测：十月革命会影响到世界，而中国所受的影响将"较他国尤甚"。到1918年11月第一次世界大战结束，国内外形势在迅速变化。特别是1919年1月战胜国英、法、美、日等协约国在巴黎召开和平会议，美国总统威尔逊提出了十四点和平原则，提出大小国家一律平等，尊重殖民地人民的意见，反对秘密条约等。这在中国造成很大的影响，许多人以为中国也是第一次世界大战的战胜国之一，以为从此就可以和列强平起平坐、收回属于自己的权益了。

然而，杨匏安并不这么认为。1919年3月3日至5日他在《广东中华新报》发表了一篇题为《永久的平和果可期乎》的政论文，就战争、革命与和平等问题，发表了自己的看法。他认为欧洲的纠纷不会就此而骤然止息的，不过是硝烟弹雨随和平条约签订而暂时休战而已，媾和一事自始至终不可能成为现实，所谓"永久的平和"，只能是人们美好的愿望而已。杨匏安据此作出了与当时大多数社会学者截然不同的判断。他认为这次世界大战之后，不会有永久的和平；世人不宜过于乐观，而应继续努力，去争取永久的和平。杨匏安认为："盖欲图真正永久的平和，须先泯灭一切种族偏见及破除宗教之人我执，一视同仁，强弱相扶，贫富相济，必待国际的生存之意义毕竟完成，夫然后永久平和庶几可期矣。不然若今日仍以有色人种之名，而凌虐亚细亚及非洲诸族，或以异教之故，务排斥基督化外之民，一若天经地义，行所当然者，如此而欲平等大同，非欺人之语，则亦徒托空想焉耳。"从杨匏安的《永久的平和果可期乎》一文可以看出，杨匏安在1919年已懂得初步运用唯物辩证法来分析世界政局，思考重大时局问题。据此而判断世界大战后的形势发展不可能是永久的和平，并判断出历史发展的情况，后来的历史也证明他的分析是准确的。

1919年1月18日至6月28日，和平会议在法国巴黎召开，中国作为战胜国参加会议。杨匏安在南武中学、甲种工业学校上

1919年1月18日至6月28日，在巴黎凡尔赛宫举行处置战败国的"和平会议"，图为巴黎和会会场

课时，经常听到同学们都在热烈地议论着"巴黎和会"的事情。杨匏安说：巴黎和会，殊堪注目。他自己也十分关心会议的结果，因此时刻留意会议的进展情况，所以导致自己整天都"心悬悬而不能释"。

但现实形势的发展，很快就打碎了中国人民的希望。会议在美、英、法、日等帝国主义的操纵下，完全服从帝国主义列强重新瓜分世界和策划反对社会主义国家的需要，牺牲弱小国家的利益。他们在讨论处置战败的德国的殖民地时，决定由日本接管中国青岛和德国在中国山东的一切权利。作为"战胜国"的中国，不但没有得到任何好处，反而要丧失更多的利益。这是何等的奇耻大辱！腐败无能的北洋政府竟准备签字。中国在和会上外交失败的消息传来，立即在人民群众中，尤其在知识分子和青年学生中激起强烈的愤慨。1919年5月4日，轰轰烈烈的五四运动在北京率先爆发，并迅速席卷全国。在广州的五四运动，把斗争的矛头对准日本帝国主义及其走狗。杨匏安支持并积极参加了学生的这些爱国行动，他任教的广东省立第一甲种工业学校的学生成为运动的主力。杨匏安原来也有过"读书救国""教育救国"的思想，但是国难当头，他和许多学生领袖都认识到在国家主权不保的情况下，这些都是不切实际的幻想，因而奋起斗争，大呼"国家兴亡，匹夫有责"，号召同学们"读书不忘救国，救国不忘读书"，并支持同学们走出校门，采取抵制日货的实际行动。但是运动初始，学生的行动不是很理智，一度把斗争的矛头对准了三家由华侨创办的经营日货的公司，并提出了"打倒三大亡国公司"的口号，还发生了砸烂日货广告招牌、追打日本人等情况。日本战舰驶入珠江，以"护侨保商"为名向广东政府施压。广东当局也遵从日方的施压要求，出动军警镇压学生。在这种情况下，杨匏安和陈大年开始在报上发表系列文章，引导社会善待青

.1914 年，马应彪在广州长堤创办广州先施公司，为民国时期广州四大百货公司之一

年学生，同时也引导青年学生要理性思维，理智行动。杨匏安从
1919 年 5 月 21 日至 6 月 27 日在《广东中华新报》连载《青少年
心理》(后改为《青年心理讲话》)，旨在引导学生，在爱国运动中
健康成长。他和陈大年还相继在报上发表《商榷书》和《某学者
谈话》，对"三公司"的风潮提出看法和批评。杨匏安告诫社会：
对青年学生要"善为诱导，不当压绝"，对他们的某些过失，"只
宜劝诫，不宜惩罚"。杨匏安也劝告青年学生：行动要"理智"，
要慎待华侨，着眼于处理好内地与华侨的关系。最终在学生们的
自觉努力下，斗争的偏差得到了纠正，运动收到了显著的成效。
自 6 月中下旬以后，广州青年学生集中力量开展有组织的"拒签

1919 年 5 月 4 日，北京爆发五四运动后，广东各地学生纷纷举行
集会、游行，声援北京学生爱国行动。图为 11 月 8 日，广州各校
学生举行抵制日货游行，被段打拘禁在先施公司内

和约"运动。在包括广东青年在内的全国人民的坚决斗争下，参加巴黎和会的中国代表最终不敢在"和约"上签字，席卷全国的五四爱国运动取得了伟大的胜利。

在此之后，广州的学生运动继续深入发展，把斗争的矛头指向本省的封建军阀。当时统治广东的桂系军阀在五四运动中，勾结北洋军阀，一再镇压群众的爱国运动，其军阀头子还企图直接兼任省长，以便长期维持对广东人民的专制统治。7 月 10 日，广州学生和工商各界 3 万多人在东园举行大会，并进行请愿游行，要求处罚卖国贼、公布政府外交政策、废除秘密条约等。会后，学生继续分散到各地开展巡行演讲、发售《雪耻周刊》、协助组织罢工斗争，即便是屡次遭到军警殴打也是在所不辞。7 月 16 日，军警逮捕甲种工业学校学生周其鉴等 300 多人，但他们毫不退缩，刚被释放出来又马上投入斗争。

反对军阀统治的斗争得到孙中山的支持，为抗议无理拘捕工人、学生代表，他毅然辞去南方政府总裁职务。广州国会议员数十人也联名向军政府、督军署、警察厅提出书面质问，要求迅速制止军警镇压群众的行为并释放被捕者。在强大的社会舆论压力下，当局只好释放全部被捕者，请求工商各界复工复市，斗争取得了初步的胜利。杨匏安在五四爱国运动中，深切体会到人民群众的伟大力量，结识了一大批在运动中涌现出来的先进青年。

五四运动以后，常来杨家祠与杨匏安、杨章甫联系的有阮啸仙、刘尔崧、周其鉴、张善铭等甲种工业学校的学生领袖，有谭天度、冯菊坡等青年教师，有梁复然、王寒烬、杨殷等青年工人。

《广东中华新报》是当时广州一家规模较大的报纸。社长容伯挺，是李大钊、林伯渠的朋友，也是中国留日学生反袁世凯组织神州学会的成员。五四运动的爆发，让在广州从事文化工作的容伯挺，意识到社会风气的巨大变化。在北方，以推动新文化运动为己任的《新青年》自1915年创刊以来，几年下来已有长足的发展，李大钊已与陈独秀等人合作，对其进行扩版，创办了

《新青年》第2卷第1号封面

《马克思研究》专号。1918 年 12 月李大钊、陈独秀在北京创办的《每周评论》也在扩大宣传新思想、新理论的篇幅。全国各地正在筹办的新刊物不计其数。容伯挺、陈大年、杨匏安等人一起讨论《广东中华新报》的发展方向，大家都认为《广东中华新报》也应该多介绍一些世界上的新思想、新理论、新文化。容伯挺提出从西方思想理论和自然科学的学说中，精选 200 多个条目，由杨匏安进行翻译，办一个新专栏逐一介绍给国人。杨匏安在横滨游学时，曾阅读了大量的日译西方学说，特别是接触了很多社会科学方面的著作，对当下流行的社会主义理论也比较了解。陈大年说，向国人通俗地介绍世界各国的新思想、新理论、新学说，就等于在报上办个通俗大学校。所以最后决定在农历的六月初一，也就是公历的 6 月 28 日正式出版"通俗大学校"专栏，广泛介绍西方的新思潮和科学知识。为此，报社在 6 月间还连续登出广告对专栏进行宣传介绍。广告说："定旧历六月初一大加增拓，特辟《通俗大学校》一页，专载百科学术、思潮常识。以供读者修养研究之用。"

1919 年 6 月 28 日，《广东中华新报》新辟的专栏"通俗大学校"正式开办。在专栏上，杨匏安首先介绍的是西方美学思想。从这天开始到 10 月 18 日止，他在《美学拾零》的总题目下，分别介绍了柏拉图、康德、费希特、黑格尔和哈特曼等十多位西方著名学者的美学思想，可以说是我国最早系统地介绍西方美学思潮的文章。"采集欧美各大家精义以饷读者"，杨匏安以此为出发点真诚地向读者介绍各种新思想。他广泛地介绍了西方主要美学家的美学思想和理论，提供了丰富的国外美学资料，特别是用很大的篇幅系统介绍了近代德国美学大家哈特曼的美学思想，这在中国尚属首次，填补了我国西方美学史研究中的空白。杨匏安的介绍使国人从中看到了西方美学思想发展的一些基本脉络，为沟通西方美学与中国传统美学的联系，为中国美学的发展作出了开创性的贡献。

从1919年7月12日至12月15日，杨匏安在"通俗大学校"专栏开始介绍西方各派哲学思想和社会主义思想，在《世界学说》的总题目下连续发表了40多篇文章。杨匏安所介绍的西方哲学思想，主要有唯物论、唯心论、唯理论、经验论、感觉论、有神论、宿命论、实证论、实用主义、一元论、二元论、多元论、原子论、机械论等，涉及的内容非常广泛。这大大拓宽了当时人们的哲学视野。在当时思想界掀起的"问题与主义"的争论中，所涉及的哲学思想，就是西方的实用主义和实证主义。杨匏安在这里对他们都作了比较详细的介绍，这也有助于提高人们对其的了解和认识，用唯物论反对庸俗进化论，符合中国历史发展的需要。

杨匏安所介绍的西方社会主义学说，包括社会主义、共产主义、集产主义、社会民主主义、马克思主义、国家社会主义、讲坛社会主义、基督教社会主义、社会改良主义等内容。他对圣西门、傅立叶、欧文等人的空想社会主义，对资产阶级、小资产阶级的社会主义，对封建社会主义，对马克思的社会主义、共产主义等各种社会主义学说，都作了比较全面的介绍，虽然其中有些论述未必像今天这样准确，但这也扩大了当时人们的视野，为人们认识和了解各种社会主义思潮和流派，提供了丰富的资料。

杨匏安在广州工作，生活算是比较清苦的。恰好他有一个同乡在警察局工作，知道他的情况后，就请他去警察局当秘书。对这样一个许多人求之不得的"肥缺"，杨匏安却视同敝屣，直接给拒绝了。他宁可清寒度日，也不肯同流合污。

传播马克思主义

杨匏安在 7 月 12 日至 12 月 15 日发表的以《世界学说》为总题的 40 多篇文章，在论战中实际支持了李大钊。杨匏安在全面介绍世界学说时，是具有明显的倾向性的，即在比较性的介绍中，突出地介绍了马克思主义、宣传马克思主义。这时候的杨匏安，已从激进的民主主义者的思想境界向马克思主义无产阶级世界观大步迈进。

1919 年 10 月 18 日到 28 日，杨匏安在《世界学说》总题下发表了《社会主义》一文。在这篇文章中,杨匏安用近三分之一的篇幅初步介绍了马克思的"科学社会主义"理论。杨匏安文中赞扬马克思的《资本论》为"社会主义圣典"。杨匏安肯定马克思主义在国际社会主义运动中的指导地位,"其说社会主义,能以学理为基础,故称学理的或科学的社会主义,于近世社会主义之中,尤占重要之地位",表达了他对马克思主义的敬仰之情。同时公开指出:"现在之社会状态,实劳动者奋起革命,以求改造之时期也。"可见这时的杨匏安已开始把马克思主义与改造中国社会直接联系起来思考了。

十多天后,杨匏安从11月11日起到12月4日,又发表《马克斯主义(一称科学的社会主义)》一文。这是杨匏安在《世界学

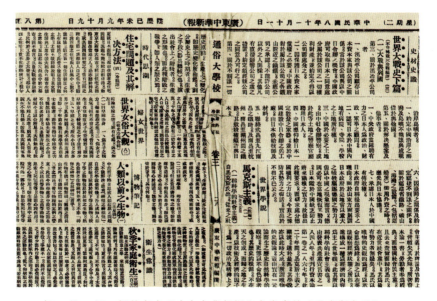

1919年11月11日,杨匏安在《广东中华新报》上发表的《马克斯主义》

说》各文中，篇幅最长，也是最重要的一文。该文约8000字，《广东中华新报》陆续登载了19天。这是杨匏安首次倾注感情满腔热情地介绍马克思主义，首次全面且系统地宣传马克思主义的唯物史观、政治经济学和社会主义学说，首次盛赞马克思主义在俄国的成功实践及其不可战胜的巨大威力。

杨匏安在文章中，一开始就热情地赞扬马克思主义："自马克斯氏出，从来之社会主义，于理论及实际上，皆顿失其光辉。所著《资本论》一书，劳动者奉为经典，而德国社会民主党，且去来查尔而归于马氏，在近世社会党中，其为最有势力者无疑矣！马氏以唯物的史观为经，以革命思想为纬，加之在英、法观察经济状态之所得，遂构成一种以经济的内容为主之世界观，此其所以称科学的社会主义也。由发表《共产党宣言》书之1848年，至刊行《资本论》第一卷之1867年，此二十年间，马克斯主义之潮流，达于最高，其学说亦于此时大成。"

杨匏安首先介绍了马克思的唯物史观，阐述了生产方式是社会发展的决定力量以及上层建筑与经济基础、生产关系与生产力必须相适应的原理。杨匏安称："自马克斯唯物的历史观既出，其于社会科学之意义，固在于指示社会生活的规则，此其所以为极有用之史学方法，又为空前的社会哲学欤！""自马克斯倡其唯物的历史观以后，举凡社会的科学，皆顿改其面目。"关于马克思的阶级斗争学说，杨匏安写道："马克斯谓阶级竞争之所由起，因土地共有制度既坏之后，经济的构造，皆建在阶级对立之上。所谓阶级，即经济上利害相反之阶级。其分别，则一方为有土地或资本等生产之手段者，一方则为无土地或资本等生产之手段者；一方肆其压服掠夺，而一方则受压服掠夺者也。"杨匏安还介绍了马克思的"余工余值"说，揭露资本家掠夺工人剩余价值的种种方法及其罪恶，指出资本家的剥削越重，工人的反抗必愈烈。"一旦群起而取得国家之权力，改一切生产工具为国有，脱去资本家之羁绊，恢复各人之经济自由，此为解决社会经济的矛盾之唯一方法，亦即近代社会经济制度所必有之结果，是固循社会演进的程序而自然发生者也。"杨匏安最后断言："马氏之言验矣，今日欧美诸国已悟 Bolsheviki 之不能以武力扫除矣。"

这些历史事实表明，杨匏安在 1919 年 10 月至 11 月间，已在我国南方比较系统而又比较准确地介绍了马克思主义的唯物史观、阶级斗争理论和剩余价值学说，这与李大钊 1919 年 9 月发表于《新青年》的名文《我的马克思主义观》时间相差不到一个月。杨匏安的《马克斯主义（一称科学的社会主义）》，是我国南方最早系统地介绍马克思主义的文章，这也标志着杨匏安已从一名革命民主主义者开始向一名马克思主义者进行转变。他是十月社会主义革命后，在我国南方全面传播马克思主义的第一人，也是我国南方最早传播马克思主义的先驱。

　　作为我国南方传播马克思主义的先驱，杨匏安的宣传活动，为当时的人们选择和接受马克思主义提供了前提。这也为当时华南爱国运动和新文化运动提供了新的思想武器，为日后广东共产党组织的建立作了思想准备。当然，杨匏安也有他的历史局限性。比如他在当时介绍其他社会主义流派时，对他们的理论观点未能站在马克思主义的立场上进行评析和批判；在介绍马克思主义的时候，以今天的眼光去看他的某些论点，也许不那么"精当"，这在历史上也是难免的。然而这些并不影响他马克思主义传播先驱的地位。作为五四时期我国南方第一个马克思主义宣传者，他必将永垂史册。他就像在华南的一盏明灯，照亮未来中国发展的方向。

| 四 |

加入党组织

革命据点杨家祠

　　广州的共产党早期组织在这个时期开始建立。1920 年 6 月间，从北京大学毕业的谭平山、谭植棠和陈公博等人先后回到广州，他们一边筹建《广东群报》，一边联系广州各界人士，尤其是在五四运动中涌现出来的先进青年。广州高师附中的教师谭天度与谭平山、谭植棠是同乡，他们把广州的几所学校和一些主要的工厂、商店作为工作重点，由此结识了杨匏安、阮啸仙等一大批青年教师和学生。1920 年 9 月间，来华的共产国际代表维经斯基委

谭平山

谭植棠

派斯托扬诺维奇和别斯林到广州协助广东社会主义者建立革命组织，但他们与无政府主义者成立了一个"无政府主义的共产党"。上海共产党早期组织建立后，陈独秀为广州建党之事，致函谭平山、谭植棠、陈公博，嘱其发起组织。谭平山、陈公博和谭植棠积极响应，从1920年8月起开始进行广州社会主义青年团的组建工作。谭平山从谭天度那里了解了杨匏安的基本情况，看过他在《广东中华新报》上的文章，在筹建《广东群报》时还专门考察了《广东中华新报》报馆，结识了杨匏安。从此两人建立了联

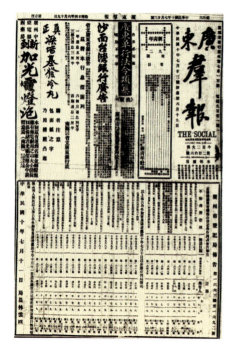

1921年7月23日，《广东群报》创刊

杨匏安画传

陈炯明

系，谭平山因此也认识了杨章甫。

　　陈炯明在 11 月从福建打回广东，赶走了桂系军阀莫荣新，查封了《广东中华新报》报社，社长容伯挺逃亡香港，陈大年转行做律师，杨匏安也离开报界，在甲种工业学校和南武中学做兼职教师。谭平山到杨家祠探访杨匏安和杨章甫，见面就把组建广州社会主义青年团的基本情况向他们作了通报。谭平山说，他们从 8 月份开始通过艰苦工作，已经联系了冯菊坡、阮啸仙、刘尔崧、周其鉴、张善铭、陈俊生、梁复然、王寒烬等十几个团员，并以 10 月 20 日正式出版发行的《广东群报》作为活动阵地。最近，他与无政府主义者区声白等人谈妥，将两个青年组织合并，准备近日召开广州社会主义青年团成立大会。接着，谭平山郑重邀请杨匏安、杨章甫加入广州社会主义青年团。杨匏安和杨章甫都表示同意。这样，1920年冬，杨匏安就由谭平山发展加入了广州社会主义青年团。广州社会主义青年团的工作主要是帮助工人成立工会，但需要尽快提升工人的觉悟。谭平山建议杨匏安、杨章甫可以从办劳动学校、抓文化教育入手。1920年11月下旬，杨匏安、杨章甫到广东高等师范学校参加了广州社会主义青年团的成立大会。出席大会的团员有数十人，《广东群报》公开进行了报道。大会通过了广州社会主义青年团章程，选举谭平山等人为广州社会主义青年团领导人。

1920年底，陈炯明夺取广东后，自任省长，并邀请一些新文化运动人士参与广东建设。12月，中国共产党发起组的领导人陈独秀应陈炯明之邀，担任广东教育委员会委员长。陈独秀来到广州后，指导广东的建党建团工作，并开始与无政府主义者公开论战。维经斯基到广东后，也认为马克思主义者必须与无政府主义者分开，以建立起真正的马克思主义的政党组织。而无政府主义者也因为反对民主集中制、反对无产阶级专政等原因退出了"广东共产党"和广州社会主义青年团。陈独秀就以谭平山、陈公博、谭植棠三人为基础，1921年春在广东成立真正的共产党组织，广州共产党早期组织逐步建立起来。

陈独秀

广州共产党早期组织成立地今貌

1921 年春节后，谭平山又找到杨匏安，告诉他说，共产党组织已经在上海、北京等地建立起来，自陈独秀和共产国际代表来广州之后，广州共产党组织也已在陈独秀主持下建立起来。谭平山对杨匏安说："我今天找你谈话，就是想征求你的意见，是否想加入共产党组织？"杨匏安说："建立马克思主义的政党，我是非常赞成的。我同意加入共产党组织。"于是，1921 年春，杨匏安经谭平山介绍加入了中国共产党，成为中共广东早期党员之一。不久，杨章甫也由谭平山介绍入党。

　　加入共产党之后的杨匏安，日益重视工人运动。他认识到，工人运动要获得深入发展，就必须解决工人的教育文化的问题。他了解到，担任广东省教育委员会委员长的陈独秀希望能够在青年中间推广国语，以此来宣传新思想和新文化。杨匏安觉得这是一个很好的办法，他决定从注音字母入手在杨家祠办一个培训班。1921 年 2 月，经过一段时间的准备，注音字母训练班正式在杨家祠开班，由杨匏安和杨章甫担任教师，训练班免费学习。学员有 30 多人，大多数都是谭平山从青年学生和青年工人中挑选出来的青年团员。杨匏安在教学中采取了直接应用的办法，如教学员"劳工神圣""无产阶级""阶级斗争"的国语注音、读法。这样大家既能学会说国语又能明白革命的道理。杨匏安的教学方法，不单是在教注音字母，也是在教政治斗争，以此来提高工人的思想觉悟。

　　广州共产党早期组织还通过陈独秀的关系，在广东省教育委员会为注音字母训练班争取了一个合法的地位，经费也由政府给予支持。训练班一直办到1922年夏天陈炯明叛变革命，在这段时间里，陈独秀、谭平山、谭植棠等人还多次到训练班上课，宣传革命思想。广州共产党早期组织为了普及和宣传马克思主义、培养革命干部，又通过陈独秀的关系争取到了广东省政府的支持，开办了广东省立宣讲员养成所，杨匏安、杨章甫也常去授

广东省立宣讲员养成所

课，为广东工人运动的发展为革命事业培养了不少骨干。

杨匏安非常重视学生运动。这时，《广东中华新报》已被陈炯明查封，杨匏安来到南武中学和甲种工业学校任教。这两所学校的学生运动非常活跃，特别是甲种工业学校。甲种工业学校是广东工业局的附属学校，是广东的一所工业学校，阮啸仙、刘尔崧、周其鉴是这所学校的首届学生，他们怀着工业救国的热情考进这所学校。但这所学校已是安插官僚机构的场所，不重视培养教育学生，反而对学生特别的专制，严重阻碍学生的成长，引起全校师生的极大不满。陈炯明在担任广东省长后，委任从事美术研究的高仑为校长，高仑上任后更是变本加厉，学生忍无

高仑

可忍。

　　1921年4月22日，在杨匏安的支持下阮啸仙等学生在学校里发动了一场声势浩大的"读书运动"。他们反复向省政府请愿，要求整顿学校、撤换校长，请愿活动一直持续到6月。陈炯明镇压学生，并开除了7位学生领袖的学籍，全校学生以退学进行抗争，得到了社会的同情与支持，最后，被开除的学生恢复了学籍，省政府还为学校委派了新的校长，斗争取得了胜利。杨匏安支持学生斗争，他以朋友的身份劝高仑：办工业教育不是你的专长，搞美术才是你的专长。高仑也听从杨匏安的劝告去筹办美术馆了。这场读书运动是在杨匏安支持下，由阮啸仙等青年学生

阮啸仙

力图改造旧社会的一次尝试，对他们革命经验的积累有着积极的意义。

　　杨匏安一直都关心青年团的发展，常和一些同志讨论改造青年团的问题。广州社会主义青年团，是与广东的无政府主义者一起组建的。由于没有表明信仰哪种主义，也没有拟定具体的工作计划，最终导致了分裂。1921年3月，无政府主义者退出了广州社会主义青年团，而青年团也陷入了困境。到5月以后，工作基本处于停顿状态。而此时，张太雷参加共产国际第三次代表大会和青年国际第二次代表大会后回到了上海，根据青年国际的指示以及中共中央执行委员会的意见，开始主持整顿团务。谭

张太雷

平山响应中央的号召，决定重新以原广州社会主义青年团为基础，筹建新的广东社会主义青年团。1922年1月，谭平山主持召开了广东社会主义青年团的筹备大会，共有58人参加，与会者就广州青年团的相关问题进行了讨论。杨匏安也参与了青年团的组建工作，他认为青年团首先要有明确的指导思想，特别关心的是要把广东青年团建成一个什么样的青年团的问题。他在会上发言指出，我们的教训主要有两点，一个是信奉什么主义不明确，二是做什么事不明确。所以他建议重建广东青年团，要在章程中明确表明青年团是信奉马克思主义的，要把马克思主义作为指导思想，也要清楚地表明青年团是搞社会革命，是用马克思主义改造中国的。最后，谭平山安排杨匏安、杨章甫等人筹建广东青年团的文书部，负责青年团的日常文字事务，准备团体的章程草案和筹办出版《青年周刊》。这段时间共产国际的代表马林在广州逗留，他们就请马林为广州青年作了两场关于十月革命的报告。他们还请了来广州工作的林伯渠介绍科学社会主义的情况。

2月10日，谭平山在广州素波巷19号主持召开成立广东社会主义青年团第二次筹备大会，广州的90多名团员参加了这个大会，大会检查了各项筹备工作，决定出版《青年周刊》。1922年2月26日，杨匏安、杨章甫负责的广东青年团的机关刊物

《青年周刊》正式创刊。杨匏安用注音字母署名在创刊号上发表了创刊宣言，公开宣布广东社会主义青年团"最膺服马克思主义"，"社会革命四个大字，就是我们先行的旗帜"。杨匏安、杨章甫还在《青年周刊》刊登广东青年团的一些文件以征询团员们的意见，这些文件在3月底的全体团员大会上表决通过。青年团的其他机构也陆续创办起来，谭平山决定在3月14日马克思逝世39周年的日子召开广东社会主义青年团成立大会并隆重纪念马克思。1922年3月14日，广东社会主义青年团成立暨纪念马克思大会在广东东园隆重举行。4月6日，选举产生了青年团的领导人，由谭平山任书记。4月10日，又召开第一次会议，决定各部人员的任职情况，其中杨章甫任文书部主任，广东社会主义青年团的组织机构就正式建立起来了。广东社会主义青年团建立后，大力发展青年团员。在广州发展了400多人，此外还积极联络佛山、肇庆、东莞、新会等地，开展建团工作。

与此同时，1922年1月12日爆发了香港海员大罢工。罢工爆发后，共产党人给予香港海员大力的支持、帮助和指导。中国劳动组合书记部在上海成立香港海员罢工后援会，号召全国工人声援和配合他们的斗争。当罢工的领导人苏兆征、林伟民、戴卓民、张玉阶等海员到广州寻求支持时，杨匏安、杨章甫等共产党人积极帮助他们与广州各界取得联系，并帮助解决在广州的食宿问题，大力帮助他们开展各种宣传活动，使罢工始终坚持正确的斗争方向。杨匏安还将杨家祠提供给他们作开会的场所，苏兆征有段时间还把女儿交给杨匏安的家人照看。杨匏安也关注他们的成长与进步，引导他们走向革命的道路。

创办《青年周刊》

在广东社会主义青年团确定领导人员时，杨匏安一再表示自己不进领导机构，而是推选杨章甫全面负责文书部和《青年周刊》的工作。谭平山最后同意杨章甫当文书部的主任和《青年周刊》的总编辑，杨匏安担任文书部的中文秘书，具体负责《青年周刊》的中文稿件，以及编辑、发稿事项。尽管杨章甫是《青年周刊》的总编辑，但是因为要全面主持文书部的工作，还要兼做日文秘书，所以《青年周刊》的组稿、编辑、出版等具体工作主要是由中文秘书杨匏安来主持。《青年周刊》上的署名文章，也是由他和杨章甫去组稿，没有署名的由他来撰写。所以在《青年周刊》的办刊过程中，杨匏安付出了艰苦的努力。

杨匏安有办报的经验，从始至终对办《青年周刊》都十分地用心。他亲自为《青年周刊》撰写创刊宣言，为广东社会主义青年团竖起了鲜明的革命大旗。宣言宣告广东青年团的指导思想是马克思主义。《青年周刊》从 1922 年 2 月 26 日创刊到 6 月中旬因陈炯明的叛变而停刊。《青年周刊》推崇马克思主义，全面宣传马克思主义，深刻阐述中国革命的基本问题。

杨匏安在《青年周刊》中宣传马克思主义比 1919 年更进一步地突出马克思主义最核心的内容，即无产阶级革命和无产阶级专政的学说。杨匏安亲自撰写了《马克斯主义浅说》这篇长文，在《青年周刊》连载。这篇文章用白话文通俗系统地介绍和说明了马克思主义"唯物的历史观""阶级竞争说""经济学说"的三个重要组成部分，指出"马克斯主义是以唯物的历史观为经，以革命的思想为纬，再加上了在英法各国观察经济状态之所得，因而构成一种以经济的内容为主之世界观"。文章适应了广大青年学者的需要，受到热烈的欢迎。

杨匏安在《青年周刊》还发表了《青年自觉》《社会主义与军人》《政权不应该要的吗?》等文章。他强调，对待马克思要坚持研究与实行并重，表明青年团的宗旨是研究马克思主义，并且实现马克思主义。周刊还大量刊载俄国十月革命后的情况，及时报道国内外消息，大大促进了青年运动的发展。《青年周刊》在广州乃至全国都产生了较为广泛的影响，起到了非常重要的历史推动作用。

短暂代理区团委书记

孙中山在统一两广之后，积极部署北伐，但是遭到广东省长、粤军总司令陈炯明的反对。于是，孙中山撤了陈炯明的职务。陈炯明退居惠州，但暗中策划叛变。这时，重建后的广东社会主义青年团迅速发展。谭平山在向党中央的报告中说，广东的青年团员已发展到2000余人，由于广州目前的环境比较自由，建议团中央将原定在上海召开的中国社会主义青年团第一次全国代表大会和全国第一次劳动代表大会改在广州召开。中共中央局和代理团中央经过研究接受了建议，决定1922年5月上旬在广州开会，要求广东的党团组织做好相关工作。杨匏安积极参加团一大的筹备工作。与此同时，陈独秀、张国焘、张太雷和青年国际代表达林等先后来到广州。在对广州考察的过程中，陈独秀判定陈炯明将要叛变，要求广东党团组织领导人做好准备，全力支持孙中山。不出所料，两个大会开过后，1922年的6月16日，陈炯明发动了对孙中山的叛变。一时间，广州炮火连天，孙中山最终退出广州，移居上海。中共中央执行委员会作出了拥孙反陈的决策，并通告各地执行。陈炯明占领广州后，肆意镇压杀害反对派。杨匏安的朋友、原《广东中华新报》社长容伯挺惨遭枪杀。

广东社会主义青年团转入秘密状态，工作也被迫停顿。广东社会主义青年团的组织比较混乱，团一大之后有了全国的统一章程，广东的团组织也需要按照新的章程进行改组。当时中央决定由张太雷作全权代表在广州指导广东团组织的改组工作。张太雷到素波巷19号《青年周刊》通讯处找到杨匏安，与他谈起广东青年团的近况。张太雷告诉杨匏安，广东省青年团还需要实行彻底的改组，需要按照团中央的要求建立新的执行委员会。张太雷决定把杨匏安等人推选进团的领导机构，但是因为陈炯明的叛变，学校都放假了，导致团员大会难以召开，这项工作就被搁置下来。这时广东党团组织的很多工作处于停止或秘密的状态，像宣传员养成所、国语注音字母训练班，还有《青年周刊》都被迫停止活动，工人工作则进入秘密状态。广东党组织决定由谭平山、冯菊坡组成新的执行委员会。会议按照中央局的决议，继续开展工人运动，杨匏安被任命为中共广九铁路的支部书记。他到工人中秘密开展建党活动。

1922年7月16日至23日，中国共产党第二次全国代表大会在上海召开，其后又于8月中旬在西湖召开特别会议，会议决定与孙中山一起开展彻底的反帝反封建的民主运动。张太雷作为党团中央领导人参加了西湖会议，他认为广东党团组织需要认真改造才能执行好联孙反陈的政策。9月，他带着中央的命令，回到了广州。当时的广东团组织处于非常困难、十分混乱的状态，张太雷又找到杨匏安，希望杨匏安能够履行团委书记的职责，组织引导青年团员参加国共合作。

于是，杨匏安临危受命。当时，陈炯明在广州实行白色恐怖，镇压工人运动、革命社团和一切进步组织，查封《新青年》杂志社，禁止共产党员、青年团员开展一切活动。这样，广东原有的青年团组织就被冲散了，许多人都失去了联系，而且经费也没有着落。杨匏安为恢复青年团的工作付出了艰苦的努力。他首先把广东社会主义青年团的通信地址由素波巷转到了杨家祠，并对广东社会主义青年团的基本情况进行摸底，在白色恐怖的状态下基本恢复了广州市的青年团组织，原来被打散的工人团员队伍也都重新组织起来了，并新发展了一些团员。据广东省档案馆收藏的一份档案显示，陈炯明叛变后，广州市曾有三个月没有发展新团员，但在杨匏安代理团委书记之后，至10月份又有了新团员的记录。但这些发展毕竟是有限的，广州的团员数量也仅仅恢复到了广东社会主义青年团开成立大会之前的水平，而且组织不是很健全，也比较涣散。团中央第二次代表大会对此提出了严厉的批评，但是这种情况并不是杨匏安造成的，而是由于当时陈炯明实行白色恐怖所导致的。这期间，杨匏安还由杨殷介绍担任粤汉铁路局广州分局编辑主任。他利用这一身份，深入工人群众中开展工作，吸收了一批铁路工人入党。1922年底，他在黄沙开设了一间"北江商运局"，承运客货，利用滇军押运，以掩护党在粤汉铁路工人中的活动并为党筹措经费。

孙中山被陈炯明赶出广州之后，处境十分困难，中国共产党、共产国际和苏俄向他伸出了援助之手，并在上海达成了合作的意向。在中国共产党的帮助下，孙中山通过军事手段迫使陈炯明于1923年1月16日撤出广州，退到东江一带。孙中山在广州重建政权，组建了广东革命根据地。孙中山决定与中国共产党合作，积极推进国民党改组，强调学习俄国革命经验的必要性，同时还指定一些包括共产党员在内的干部担任国民党中央本部和地方分部的负责人帮助国民党改组。广州的革命形势迅速好转，中共中央执行委员会为适应新形势的发展，决定指导广东开展党团组织的整顿工作。1923年4月，陈独秀指定阮啸仙主持广东青年团的工作。阮啸仙初接团的工作，不知从何做起，杨匏安和杨章甫协助他熟悉广州青年团的组织系统，从广州青年团开始重新登记团员成立小组。1923年5月13日，新的广州团委成立，杨匏安被选为候补委员。

投身大革命洪流

YANG PAOAN

参与国共合作

在广东党团组织进行全面整顿的同时，中国共产党第三次全国代表大会的筹备工作也在加紧进行。中共中央执行委员会决定1923年6月在广州召开一次全国代表大会以统一全党的思想，妥善解决与国民党合作的问题，同时决定把中共中央机关迁到广州，并委派张太雷作为全权代表在广州做好大会具体的筹备工作。杨匏安、杨章甫曾经参与在广州召开的团一大和全国第一次劳动代表大会的筹备工作，对筹备会议很有经验。所以，5月中旬，张太雷直接来到杨家祠请杨匏安负责筹备中共三大的具体工作，杨匏安欣然同意，又提出了杨殷、潘兆銮、梁桂华等几个工

杨殷

作人员的人选。

于是，张太雷与广东党组织研究后，决定由杨章甫、杨匏安负责中共三大的各项筹备工作。杨匏安以杨家祠作为活动据点，当即与杨殷、潘兆銮、梁桂华等人开会布置具体的工作。杨殷了解到党组织的经费非常缺乏，就把自己老家的房产卖掉，筹集资金交给党组织作为活动经费。他们很快在广州东山恤孤院路后街31号物色到了一栋砖木结构的两层楼房，并以私人名义把房子租下来作为大会会场。为了方便代表开会，他们还在会场附近租了

1923 年 6 月 12 日至 20 日，中国共产党第三次全国代表大会在广州东山恤孤院路后街 31 号召开

一些房子，供代表们住宿。1923 年 6 月 12 日至 20 日，中国共产党第三次全国代表大会在广州召开。会议决定，共产党员以个人身份加入国民党，以实现国共合作。

中共三大结束以后，杨匏安等人谈起之后的工作打算。杨匏安表示希望继续到工人阶级中去开展工人运动，发展党团组织，壮大革命力量。随后杨匏安和杨殷、潘兆銮向组织提出，继续到石井兵工厂和广九铁路等产业工人比较集中的地方开展工作，广东党组织同意了他们的请求。而杨章甫则继续留守在杨家祠发展这一地区的工作，梁桂华回到佛山去开展工人运动。石井兵工厂是杨殷入党后被组织派去最早开展工人运动的地方，他在杨匏安等人的协助下，从调查研究入手，广泛与工人交朋友，关心工人群众的工资福利问题。这次，他们在深入工人开展工作的过程中了解到，厂长马超俊不但贪污，还克扣工人工资，残酷剥削工人，导致很多工人家里都揭不开锅了。杨匏安和杨殷决定组织工人开展斗争，他们先是把工人组织起来，组建了秘密的"十人团"，成立了公开的工人俱乐部，团结了一大批工人骨干。然后，他们公开揭露厂长的恶行，发动全厂工人进行了一次"挂锅罢工"的斗争。一天早上，工人在全厂的电线杆上挂满了铁锅，宣布罢工。由于斗争形式新颖，惊动了社会各界，也引起了广东省政府的重视，最后马超俊被迫辞职。在斗争胜利的基础上，杨匏安、杨殷又领导工人成立了工会组织，开办工人补习学校，出版了《兵工厂周刊》，有计划地在工人中开展宣传教育活动。一大批工人骨干相继加入党组织。

潘兆銮到广州铁路系统开展工人运动，做了一些基础工作。杨匏安、杨殷过去之后，把他们在兵工厂的工人运动经验运用到铁路系统的工作中来，从关心和改善工人的切身利益入手，在工人中组织秘密的"工人十人团"，以此团结工人。同时，抓紧向工人群众开展马克思主义的宣传，提高工人的政治觉悟。杨匏安在铁路系统开展工运时，还利用担任粤汉铁路广州分局编辑室主任的合法身份，编辑出版《铁路公报》等刊物，结合工人的实际，通俗地宣讲马克思主义，启发工人的政治觉悟，并选择他们中的先进分子发展成为党员。杨匏安还以粤汉铁路工人为基础，在黄沙建立了社会主义青年团广州地方的第十五支部，兼任支部书记。

1923年8月，中国社会主义青年团在南京召开第二次全国代表大会，决定以团员的身份加入国民党。11月，中共中央执行委员会也在上海召开会议，决定在全国努力扩大国民党的组织，凡是国民党有组织的地方都一并加入，凡是国民党无组织的地方则为之建立，并强调在国民党中的党员和团员也应成立秘密组织，一切政治的言论行为接受党的指挥，努力站到国民党中心位置。

广东的党团组织也开展宣传教育工作，要求全体共产党员和青年团员在思想和行动上与中央保持一致。同时，要求加强与国民党人的联系和接触，增进相互了解，为促进国共合作做好准备。廖仲恺受孙中山委托召开国民党特别会议，包括共产党、国民党在内的100多人参加了这次会议。会议讨论了国民党改组的必要性，并决定在1924年1月召开国民党第一次全国代表大会，起草国民党党纲草案，筹备出版《国民党周刊》。会上，谭平山当选为执行委员会书记和组织委员，参与指导国民党的改组工作。

为取得经验，廖仲恺和谭平山亲自参与广州市的国民党改组

廖仲恺

试点工作。10 月底,廖仲恺和谭平山按警察的区域划分,把广州分成 12 个区。广东党团区委抽调 36 名党团骨干,分赴各区,帮助国民党开展改组试点工作。杨匏安积极配合。他与潘兆銮被派往第十区,杨殷则被派往第四区。在开展国民党改组试点的工作中,杨匏安与潘兆銮整天都在国民党组织里奔走,忙于调查情况、开展宣传、召开党务会议、办理党员登记、确定党员党籍等具体工作。但在国民党改组试点过程中,最困难的事情就是如何处理好与国民党原有党员的关系。国民党内有一些老党员,看到一批年轻有为的共产党员参加国民党,十分排斥,经常采取不合作的态度。杨匏安与潘兆銮,既讲原则又讲策略,尊重每位党员同志,态度不卑不亢,工作认真耐心,做事处处为他人着想,很快就赢得了国民党一般党员群众的信任和支持。在 1923 年 12 月底进行的改组选举中,杨匏安当选为国民党广州第十区区党部执行委员兼代理主席,潘兆銮当选为代理副主席。

1923 年冬,正当杨匏安等共产党人全力帮助国民党改组试点的时候,国共合作在广州迅速推进的时候,被赶出广东的陈炯明开始向广州进军。一时间广州人心动荡,国民党改组工作面临失败的危险。国民党临时中央执行委员会在廖仲恺的组织下,紧急召开广州各区分部执行委员会联席会议,动员国民党员参加保卫广州的国民义勇军。杨匏安毫不犹豫地报名参加了国民义勇军,还动员自己帮助国民党进行改组试点的区的党员参加。一支由年轻共产党员、青年团员 500 多人组成的队伍迅速地组织起来，开赴广州近郊，配合主力部队对陈炯明的叛军进行作战。他们的英勇奋战给军队以有力的支持，经过激战，终于反守为攻，粉碎了陈炯明叛军。共产党人还在各区组织群众慰问，鼓舞军队的士气。

与此同时，广州的共产党人大力支持孙中山收回"关余"的斗争。"关余"就是关税余款。1840 年鸦片战争后，根据帝国主义列强和清政府签订的不平等条约，海关收入作为赔款交给帝国主义国家，余下的归中国政府，这就叫"关余"。以孙中山为首的南方革命政府是中国的合法政府，应该受理全部"关余"。英美等帝国主义国家却把原来拨给广东革命政府的那部分拿给了北方政府。孙中山提出抗议，但均遭到拒绝。于是孙中山采取行动，直接扣了"关余"为广州革命政府所用，由此与帝国主义列强发生了激烈的冲突。帝国主义派出军舰，开到广州进行威胁。帝国主义的这种侵略中国主权的行径，遭到了共产党人的强烈谴责。中共中央执行委员会号召全国人民支持孙中山收回"关余"的斗争，中共广东区委决定通过广东社会主义青年团开展联络成立外交后援会，组织各界民众起来斗争，还动员全体帮助国民党改组的党团员配合斗争，回到各区开展宣传活动。杨匏安和潘兆銮回到广州第十区，在改组工作中加入支持孙中山夺回"关余"

斗争的宣传活动。他们发动组织第十区的党员民众，张贴"打倒帝国主义列强""取消不平等条约"等标语。孙中山采取了强硬的态度和措施，强烈谴责帝国主义的政策，终于迫使帝国主义者把海关停拨的"关余"交给广东革命政府，斗争取得了胜利。

　　杨匏安等共产党人在参加广州国民党改组试点的工作中，成绩斐然。孙中山与廖仲恺决定直接让杨匏安、林伯渠、冯菊坡、彭湃等优秀共产党人参加国民党一大的筹备工作。经过一段时间的紧张筹备，1924年1月20日至30日，中国国民党第一次全国代表大会在广州举行，大会以改组为中心内容。孙中山担任大

1924年1月20日至30日，中国国民党第一次全国代表大会在广州召开。图为大会会址

会主席，李大钊被孙中山指定为大会的五人主席团成员之一。经过一系列的斗争，孙中山意识到必须依靠共产党的帮助才能取得成功，他明确指出，国民党正在堕落中死亡，要想救活它就需要输入新的血液。孙中山主张吸收共产党人参加国民党的工作，因此大量的共产党人被启用并充实到国民党的党政机关各个部门。1924年1月31日，国民党中央执行委员会和监察委员会召开第一次全体会议，推选并决定了国民党中央的常务委员，同时决定了中央党部组织机构及各部部长人选。一批年轻有为的共产党员被选进国民党中央党部各部任职，其中，谭平山任国民党中央常务委员兼国民党中央组织部部长，杨匏安任中央组织部秘书。

国民党一大会场

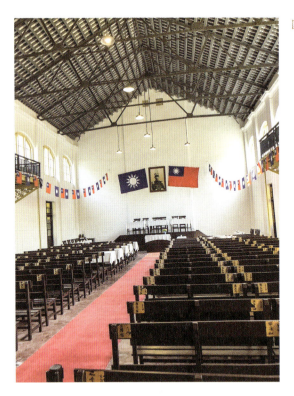

　　杨匏安在担任国民党中央组织部秘书后，开始具体组织安排各级党部的改组事宜。各省市迫切需要建立起党部执行委员会，中央组织部积极推进各省市党部建设，确定北京、上海、汉口三处特别区的执行部。杨匏安按照广州改组试点的经验，物色人选分配到各省市开展工作，协同当地国民党一大代表，依靠当地共产党人和国民党左派的力量，组建中央执行部。因为国民党中央

国民党一大的代表合影

在广东，广东根据地需要巩固与发展，所以广州以外的广东各地方组织也迫切需要组建。杨匏安对于广东的工作非常重视，把主要力量放在广东，派遣人员前往广东各地发展党务。

　　杨匏安在国民党中央组织部开展扶助农工运动，大力推动广州的工人运动，全力推动落实各项政策和计划，改善了陈炯明叛乱以来工人运动消沉的局面。他配合工人部秘书冯菊坡的工作，指导各工人团体消除偏见团结起来，并改组了一批工会，争取和维护工人群众的正当权益。此外，杨匏安也大力推动中央组织部支持农民运动。杨匏安是较早认识到农民问题重要性的共产党员之一，他在中央党部的支持下，任命彭湃、阮啸仙等一批共产党员、青年团员为国民党特派员，深入广东县市以及粤汉、广九等铁路沿线的农村开展指导工作，打破了各地农民运动沉寂的状态，打开了农民运动的局面。同时中央组织部与农民部、宣传部在广州合作筹备和开办了农民运动讲习所，有力地促进了全国农民运动的开展。杨匏安通过组织部精心安排，选送优秀的革命分子入学，为国民革命培养了大批的骨干力量。

在国民党中央组织部扶助农工运动的同时，杨匏安还接受中共中央执行委员会的委托，把全国各地党团组织推选出来报考黄

毛泽东主办的广州第六届农民运动讲习所旧址

1927年5月，广东革命政府在广州黄埔长洲岛创办中国国民党陆军军官学校。图为军校旧址

埔军校的优秀党团员代表妥善地送到黄埔军校去学习，以培养革命军事人才。杨匏安对各地党团组织介绍来的投考者给予热情的接待，帮助办好各种手续。黄埔军校第一期学生中，有共产党员五六十人，他们中的很多人都是由杨匏安送到军校去的。

1924年7月，广东工人发动了反对帝国主义"新警律"的广州沙面大罢工。沙面是广州珠江上的一个小岛，是帝国主义在广州的租界。帝国主义和外国资本家还在这个小岛上开办了一些洋行，有工人3000多人。1924年6月19日，法国驻广州领事在沙面的酒店宴请越南总督梅林，被越南革命党人丢入炸弹。沙面的英、法领事馆诬蔑是中国工人所为，擅自颁布《发给通行证条例》(即"新警律")，规定出入沙面的中国工人须携带和出示贴有本人照片的通行证，外国人则可以自由进入。消息一出，中国工人无比愤慨，纷纷起来反抗帝国主义。国民党中央常委廖仲恺、谭平山和杨匏安等人商议后，决定坚决回击帝国主义的挑衅。在中共广东区委的支持下，广东工人代表会议数千名工人举行大罢工。帝国主义的银行因工人罢工而陷于停顿，受到重大损失，最后不得不作出让步。杨匏安、冯菊坡又得到国民党中央组织部、工人部的大力支持，组建了广东工团军。与此同时，农民运动也在国共两党的支持下迅速发展，建立农民协会，组建了农民自卫军。

1924 年秋，周恩来按照中共中央执行委员会的指示回国参加国民革命。9 月间，周恩来到广州，并担任中共广东区委委员长。周恩来首先与谭平山、杨匏安接上关系。谭平山告诉周恩来，孙中山看重他，准备让他当黄埔军校政治部主任。周恩来表示，他愿意到军校工作，但广州职务得有人接替，他建议党中央由在广州主持青年团改组工作的中央特派员陈延年接替他的工作。陈延年同周恩来一样在法国勤工俭学并接受马克思主义，后又被党组织送到莫斯科东方大学学习，最近响应党中央号召回国参加

周恩来　　　　　　　　陈延年

工作。

　　10月下旬，周恩来带着陈延年到杨家祠与杨匏安见面。周恩来告诉杨匏安，中央已经同意了广东区委的意见，先派陈延年做区委秘书再担任委员长工作，他到黄埔军校做政治部主任，同时兼任广东区委的军委书记。陈延年与杨匏安初次见面后，就建立了亲密的关系，杨家祠也成为陈延年经常开展活动的地方。1925年1月，中共广东区委正式改选，陈延年被选为区委书记，谭平山和杨匏安继续担任区委驻国民党中央党团的

1925年前后广东区执行委员会部分区委成员合影。左起：冯菊坡、刘尔崧、陈延年、杨匏安

正、副书记，周恩来在黄埔军校担任政治部主任，兼任广东区委的军委书记。周恩来在陈延年、杨匏安等的协助下，建立中国共产党领导的革命武装。他于1924年11月组建的铁甲车队，在后来的东征攻打陈炯明、平定杨刘叛变等战斗中都发挥了重要作用。

1924年10月，杨匏安又经历了一场平息广东商团反革命叛乱的斗争。广东商团是英帝国主义操纵下的反动武装组织，旨在维护帝国主义在华的殖民利益，与新兴的国民革命完全处在敌对的立场。自 1924 年 5 月起，他们就开始公开与革命政府对抗，并购买大量武器装备。共产党人都认为广东商团是国民革命的大患，并向孙中山发出忠告。孙中山的态度一度比较坚决，但后来在国民党右派胡汉民等人的影响下，又发生动摇，采取退让的态度，导致广东商团的气焰更为嚣张。在国民党右派退让之时，共产党人则抓紧发展工农革命力量。杨匏安向广东省长廖仲恺介绍说，国共合作在广东实现以后，广东的工人运动、近郊的农民运动，都有很大的发展，并组建了工团军和农民自卫军，革命热情非常高涨。他建议把扣押商团的武器用来武装工团军和农民自卫军，以保卫革命政府。周恩来还把这支工农武装队伍拉到韶关，训练了半个月。1924 年 10 月，广州各界举行纪念武昌起义 13 周年集会，在会后游行的过程中，游行队伍遭到广东商团军的武装袭击，多人被打死。事件发生后，广东地委和团广东区委，纷纷声讨商团军的反革命暴行。广东青年团带领广大青年进行了针锋相对的斗争。最后孙中山在共产党人和革命群众的影响下，终于下令武装解决广东商团的问题。他派出警卫军、湘军、粤军进行平叛，黄埔军校全体师生也参加了平叛作战。在战斗过程中，杨匏安和其他广东党、团领导人一直参与指挥工农武装协助作战。工团军、农民自卫军积极配合黄埔学生军、政府革命军向商团军发起进攻。党团组织还联合广州反帝大同盟、学生联合会等多个社会团体，开展声讨商团军血腥暴行的宣传活动。广东商团的反革命叛乱很快被镇压下去。

1924年11月，谭平山因出席国际会议，国民党中央常务委员会决定由杨匏安代理组织部长。杨匏安在国民党内身担数个要职，既担任中央组织部秘书和代部长，后又担任国民党广东党部常委和中央常委，拥有很多人羡慕的权势和地位。但是他严格要求自己，廉洁奉公，也不让家人以自己的职位谋取私利。在一般人看来，杨匏安做了大官，薪水俸禄一定不少，杨匏安的家人最初也认为杨匏安做了官以后，家里的生活不会那么艰苦了。杨匏安在进入国民党中央后，曾在家中召开会议，杨匏安说，他的一官半职都是党组织的安排，薪水要供革命的需要，不能用来自己花。杨匏安教育家人，革命是没有报酬的，许多共产党人为争取中国人民当家作主，都在无报酬地为党工作，有些共产党人还捐出自己的薪水和家产支持革命。杨匏安崇高的革命境界，深深地影响着他的家人。

国共合作时期，杨匏安在国共两党内都有着很高的地位，因为身兼国民党中央组织部工作，所以经常有人来找他介绍工作、安排职务。杨匏安坚持秉公办事、任人唯贤的原则，从不徇私滥任，一律拒收礼物。杨匏安不讲私情，凡是请客送礼的，他一概拒绝，绝不以权谋私。他要求家人不要做任何用他的权势捞取好处的事情，常常和家人说做事要踏踏实实、光明磊落，绝不能公私不分。他的家人也非常配合。有一年的中秋节，杨匏安回家时发现家里多了一盒月饼，家人也说不清是谁送的。但杨匏安坚持让家人把事情查清楚，把月饼还了回去。

杨匏安对自己的孩子同样严格要求。有一次省港大罢工委员会在杨家祠发放捐款，杨匏安的两个孩子捡到了两毛钱。他们把钱交给发放捐款的工作人员，工作人员说，两毛钱不要紧，拿去玩吧。杨匏安知道这个情况之后，教育孩子，公家的钱一分一文都不能拿，两个孩子听后又把两毛钱送了回去。

组织省港大罢工

杨匏安在主持国民党中央组织部工作期间，还经历了东征和平定杨刘叛乱的斗争。在平定广东商团叛乱后，广东革命政府就决定开展东征以彻底消灭陈炯明军阀，实现广东的统一。1924年10月，冯玉祥发动北京政变，邀请孙中山北上商讨时局问题。为了全国的统一大业，孙中山毅然冒险北上。陈炯明认为时机已到，在帝国主义的支持下，准备进攻广州。共产党人认为对陈炯明应该采取主动出击的策略，广东革命政府接受了建议，于是决定东征讨伐陈炯明。1925年1月25日，广东革命政府颁布了《东征宣言》，组建左中右三路东征大军。为增强军队的战斗力，杨匏安以国民党中央组织部的名义，到各学校挑选了一批党团员作为战地政治宣传员随军做群众工作，同时组织工人、农民、商人配合东征。

在东征讨伐陈炯明的同时，杨匏安也深刻地认识到广东革命政府内部存在着滇桂军阀叛乱的潜在危机。以杨希闵为首的滇军和以刘震寰为首的桂军都是封建军阀，孙中山用自己的声望和影响力把他们招募过来参加革命工作。孙中山在广州时，他们都比较老实，孙中山离粤后，他们开始处处与共产党作对，明目张胆地在广州海珠岛建立了严密的司令部，对东征计划也是消极敷衍。杨匏安提醒广东革命政府在东征的时候，要严加防范杨刘军阀发动反革命叛乱，避免广东革命政府腹背受敌。他同时向广东区委建议，在广州建立区委的秘密指挥部。陈延年接受了他的建议，并提出要加紧发展和训练工农武装力量，密切监视杨刘军阀的动向，同时决定由杨匏安负责区委秘密指挥部的具体筹建工作，杨殷负责情报收集，赵自选负责训练武装力量。杨匏安与杨殷经过分析决定把秘密指挥部建立在芳村的永乐园。芳村处于广

九、广三、粤汉三铁路的中心地带，杨匏安深入铁路系统开展工人运动时，曾在三铁路及其周边的工厂、农村一带开展农工运动。康若愚在道根女师当教师时，杨匏安到该校担任兼职教师，结识了教务长黎宝书，杨匏安介绍他与康若愚认识。康若愚与黎宝书结婚，在芳村一个三亩多地的杨桃园创办了一个小农场，取名为永乐园。在杨匏安的帮助下，他们的革命觉悟迅速提高，先后参加了共产党。黎宝书向杨匏安提议可把永乐园作为秘密指挥部，被杨匏安等人采纳。之后，杨匏安也提醒国民党中央廖仲恺等人采取相应的防御措施，廖仲恺等人临时在河南岸士敏土厂设立了秘密办事处。两处秘密联络点，及时互通消息，保持密切联系。

东征部队出发后，杨匏安往返于永乐园与士敏土厂之间，一边与陈延年、杨殷、赵自选一起研究和布置工作，一边把新情况和新行动方案向廖仲恺通报。杨殷组织了一支侦查队伍，不断到滇桂军驻地附近侦察，收集他们活动的情报。赵自选也加紧对农民自卫军进行军事训练，组织铁甲车队人员进行战术训练。

杨匏安身兼数职，经常在国民党中央组织部、区委秘密指挥部和代理大元帅府之间来回奔走。1925 年 3 月 12 日，孙中山在北京逝世。消息传到广州，杨匏安马上组织悼念孙中山的活动。3月13日国民党中央召开各级执行委员会会议，通报了噩耗，决定在15日召开党员大会隆重追悼孙中山，指定杨匏安负责筹备。杨匏安马上从各部抽调16人，分工协作开展追悼大会的筹备工作。3月15日，国民党党员、军队、工农团体大约一万多人，在广州第一公园会场隆重悼念孙中山。大家发誓，继承革命遗志，继续进行国民革命。

3月上旬，东征军左、中两翼军按兵不动，右翼军孤军深入。以杨希闵为首的滇军和以刘震寰为首的桂军，在东征的过程中与陈炯明暗中勾结，企图消灭以黄埔学生军为主力的右翼军，由于农民自卫军及时协助作战，挫败了敌人的阴谋，取得了战斗的胜利。这时，在广州的杨刘部署发动叛变，但他们的举动立即被秘密指挥部掌握了。广东区委紧急做出决策，成立革命委员会特别处理此事，要求组织宣传活动揭露杨刘发动叛变的阴谋，让广州近郊农民自卫军秘密集结待命，并决定与国民党左派领袖商议以采取一致行动。杨匏安马上与谭平山一起召开国民党中央会议，部署平息叛军的计划。同时，开展政治宣传攻势，到各级党部作报告揭露杨刘图谋不轨的反革命罪行。同时，为平息军事政变做好准备。6月初，叛军首先采取军事行动，在广州公开叛变。杨匏安等人迅速成立以廖仲恺为总指挥的平叛指挥部。但是由于国民革命军的兵力非常有限，即便紧急电召东征军火速回师广州平叛，也是远水不解近火，情况非常危急。杨匏安告诉廖仲恺广州近郊有农民自卫军近千人已集结待命，可以参加战斗。廖仲恺立即以广州革命政府的名义，向市郊农民请兵，这样，就为革命大本营赢得了调兵遣将的时间。各路平叛大军日夜兼程，向广州的叛军合围。同时，铁路工人、海员也一致行动，拒绝给叛军运输武器、人员，使叛军陷入了广大人民群众的包围之中。平叛取得了全面胜利，一场颠覆革命政权的叛乱被彻底粉碎。

杨刘叛乱被镇压以后，杨匏安马上又赶往香港，去解决省港大罢工中的一些难题。1925 年 5 月，帝国主义在上海连续枪杀我国同胞，打死打伤顾正红等多名工人，5 月 30 日英国巡捕在南京路上对抗议工人、学生和市民进行大屠杀，打死 13 人，打伤数十人，制造了震惊全国的五卅惨案。消息传来，全国人民无比愤怒。在中国共产党的号召和领导下，全国各地罢工、罢课，此起彼伏。五卅惨案发生的第二天晚上，中共广东区委召开党员大会，决定领导广东人民开展声援上海人民的斗争。6 月 2 日，广州工、农、商、学、兵各界群众近万人，齐集广东大学操场，召开反帝大会，抗议帝国主义的暴行。会后举行了示威游行，队伍在沙面高呼"打倒帝国主义"的口号，对帝国主义屠杀中国同胞的罪行进行了强烈的谴责。各大中学校、各社会团体组织了演讲宣传队，深入开展反帝大宣传，响应抵制英货的提案，散发中共广东区委的传单。在广东党组织的发动下，广东各地先后有50万人开展反帝示威游行。中共广东区委书记陈延年与中央委员兼中华全国总工会党团书记邓中夏决定，进一步发动省港两地人民开展罢工罢课，打击帝国主义的嚣张气焰，由邓中夏、黄平、杨殷、杨匏安、苏兆征等5人组成领导香港工人大罢工的核心，前往香港发动工人罢工。杨匏安因忙于粉碎杨刘的反革命叛变阴谋，建议先由苏兆征等人去做组织发动工作，其他同志集中精力解决革命政府的危机。

6月初，苏兆征、杨殷、邓中夏等人以中华全国总工会的名义，陆续赶赴香港，联络香港各界，做大罢工的发动工作。经过组织发动，香港工人基本被动员起来，但由于统一罢工后的出路问题、回广州的食宿问题等还没有解决，部分工人仍处于观望之中。邓中夏认为，这些问题需要得到广州革命政府的支持才能解决，又从香港回到广州，找杨匏安商量解决这些问题。在杨刘叛变被平定后，杨匏安、邓中夏马上与廖仲恺商谈国共合作发动省港大罢工的具体事项。廖仲恺表示，工人的食宿可由中华全国总工会统一安排，广州革命政府会尽力提供条件，帮助解决工人的食宿问题。同时他委托杨匏安作为他的代表去香港一趟，杨匏安毫不犹豫地答应了。

6月14日，杨匏安受国民党中央和中华全国总工会的委托，以国民党中央工人部部长兼革命政府财政部部长廖仲恺代表的身份，同邓中夏一起到香港组织工人罢工。到香港后，他找到自己的老朋友、当年海员大罢工的骨干、中华全国总工会执行委员的戴卓民，戴将杨、邓二人安排在自己的家中居住。杨匏安又联系苏兆征、杨殷等一起分析情况，大家认为经过前段时间的工作，香港的工人阶级已经发动起来了，但是要进行全港性的罢工，难度还很大。杨匏安决心深入香港各工会，作进一步的调查研究。他从各工会的上层领导入手，召开一个由各工会罢工领导核心成员参加的全港工团代表联席会议来商量解决罢工的具体问题。在会上，杨匏安痛斥了帝国主义肆意屠杀中国人民、破坏中国领土主权的罪行，表示广州革命政府会全力支持罢工，还代表廖仲恺表示会全力资助解决工人关心的食宿等具体问题，并已经在广州海员俱乐部设立接待处，在广东很多地方也设立了接待站。最后，在杨匏安等人的鼓舞下，全港工会代表联席会议作出决定实

省港大罢工情景一

省港大罢工情景二

杨匏安画传

行全港大罢工，随即香港的各工会、工团按照准备条件成熟程度陆续开始罢工。6月19日，香港海员工会、电车工会和印刷工会率先罢工，随后规模迅速扩大，最终实现了全港大罢工的目标。广州沙面2000多洋务工人也配合香港工人，在6月21日开始罢工。6月23日，省港罢工工人10万多人在广州举行声势浩大的示威游行，在沙基遭到帝国主义军警的武装袭击，激起省港工人的无比愤慨，广州革命政府宣布与英国经济绝交并封锁出海口，反帝斗争迅猛发展起来。

香港工人大罢工后，杨匏安继续留在香港工作。可在7月1日这天，杨匏安、戴卓民和另外一位名叫胡荫的工会干部刚回到家，准备讨论罢工的善后问题时，一批港英警察突然冲了进来，将他们逮捕，送进了监狱。原来港英当局在工人罢工后，宣布了紧急戒严令，凡有华人三五聚谈的就犯了"煽动罢工罪"或"不法行为罪"，而香港工人罢工后，苏兆征、邓中夏等人陆续回广州，杨匏安、戴卓民等前往送行，经常在戴家进出，引起了港英警察的注意。当天刚好三人半夜回家，被警察尾随加以拘捕，但是他们实际并没有掌握杨匏安发动罢工的证据。杨匏安向当局提出抗议，要求释放恢复自由。杨匏安被捕后，省港罢工委员会的机关报《工人之路》在7月3日出了特刊，对"杨长官被捕"作

1925年6月23日，为声援上海五卅运动而罢工的香港、广州工人和各界群众10万多人，在广州举行示威游行，在沙面对岸的沙基遭到英、法租界军队的枪杀，酿成"沙基惨案"。图为走在沙基的游行队伍

沙基惨案现场一角

了特别报道。杨匏安被港英当局逮捕的消息很快就传遍了整个罢工队伍。杨匏安等人在狱中坚持斗争，拒不承认自己的"罪行"，香港警察被他们说得理屈词穷，最后迫于社会的压力，杨匏安在被关押了50天之后被释放出来。

8月20日，杨匏安出狱的当天，省港罢工委员会正在开会，中华全国总工会执行委员兼组织部长、省港罢工委员会干事局干事长李森正在会上作报告，消息传来，他立即以无比喜悦的心情向大家报告了杨匏安出狱的消息。大会响起了热烈的掌声和欢呼声。香港罢工委员会机关报《工人之路》又出特刊，用醒目的大标题报道《欢迎杨匏安先生出狱》的特别消息。消息说："中国国民党中央执行委员会组织部秘书杨匏安先生于六月初旬，因罢工事件被香港政府逮之入狱后。旋以无证据，于日昨始行放出，杨先生现已由澳门经行到省。大家闻之，当必有无限之愉快。"杨匏安出狱时，省港罢工委员会请他休息两天再回广州，并准备在广州搭牌楼，举行盛大的欢迎仪式。但为了抓紧工作，他一出狱就马上返回广州。8月25日，省港罢工工人召开大会，专门设了一项"欢迎苏俄全国总工会代表并欢迎杨匏安先生出狱"的议程，特派人请他出席，但杨匏安没有出席工人的欢迎大会，只是请人转达了对工人的敬意，并说一定要加倍努力，坚决斗争。与会代表在杨匏安没有出席的情况下，仍向他行一鞠躬礼，以表示对他的崇敬。大会一致赞成请杨匏安出任省港罢工委员会的顾问，不久又聘请他担任香港罢工工团宣传学校的名誉校长。对于这些聘任，他都欣然接受，马上又以极大的热情和精力投入到罢工的各项工作中去了。

在国共合作的大背景下，省港大罢工坚持了 16 个月之久，成为世界工人运动史上规模最大、坚持时间最长的罢工之一。它使香港变成了"死港"和"臭港"，使帝国主义在香港的经济活

省港大罢工爆发，罢工工人纷纷从香港撤回广州，食宿都得到妥善的安排。图为罢工工人的中医院

动瘫痪，给帝国主义以沉重的打击。它也促进了广东革命政府的稳固和广东革命根据地的统一，为国民革命向全国发展和北伐战争的开展奠定了基础。杨匏安在这场伟大的斗争中作出了重要的贡献。

就在杨匏安返回广州，继续进行国共合作各项事宜的时候，却收到了廖仲恺被暗杀的消息。杨匏安赶到时，廖仲恺先生的夫人何香凝正在与汪精卫、蒋介石等人商量缉凶善后事宜。大量事实说明，廖仲恺被杀与国民党右派的猖獗活动有关，苏联顾问主张立即把胡汉民等一伙密谋反革命的人抓起来。杨匏安和谭平山按照国民政府的决议，迅速组建了"廖案"特别委员会和特别法庭，杨匏安、谭平山等负责审判工作。"廖案"的真正幕后凶手是帝国主义和反革命派，他们要打击国民党的革命派，打击共产党，破坏正在迅猛发展的国民革命。杨匏安通过"廖案"特别委员会迅速签发一份捉拿凶手的逮捕令。同时，"廖案"特别委员会在缉凶行动中，陆续抓到了一批嫌疑人。

中共广东区委开展了声势浩大的追悼廖仲恺、追缉凶手、清除内奸的政治宣传运动，号召全国人民继承廖仲恺的革命精神，将国民革命进行下去。尽管这样，杨匏安在调查真相的过程中，还是遇到了重重困难。他们通过艰苦的侦查工作获得了大量的口供和证据，证实了主要疑犯的一些情况。1926年1月，杨匏安在国民党第二次全国代表大会上，作了关于"廖案"清查情况的报告，说明审判遇到困难，审判委员会不能开会，提请大会协助。何香凝在 1957 年回忆说："中共党员杨匏安，他是很积极认真地追查廖案凶手的。"可是在汪精卫、蒋介石等人的把持下，"廖案"最终不了了之，他们不认真追查凶犯，只想着借助"廖案"发展自己的势力，扩大自己的权力。所以，在逼迫胡汉民交出国民党政治委员会主席和国民政府外交部部长的权力后，他们对一些疑犯不但不抓紧追查，反而加以重用。但是在杨匏安等人的努力下，还是清除了一批危害革命的暗藏敌人，打击了右派势力。

抵制右派

1925 年 10 月后，国民革命政府出兵东征和南征，统一了广东。广东统一后，各地的政权建设、组织建设相继展开。为适应形势的需要，国民党中央决定组建广东省党部，以加强对全省工作的领导，并决定由国民党中央组织部部长谭平山和秘书杨匏安直接负责筹备工作。这时，毛泽东也应国民党中央组织部的邀请来到广州，参加国民党中央党部和国民党广东省党部的筹建工作。广东以外以个人名义加入国民党的同志来到广东，一般都要先到国民党中央组织部找杨匏安报到。杨匏安第一时间就把毛泽东到广州的消息告知谭平山。国民党中央执行委员会 10 月 5 日

中共第三届中央执行
委员毛泽东

召开会议，在会上，汪精卫以自己身兼国民党中央常委、国民政
府主席数职，事务极为繁忙、难以兼顾中央宣传部长职务为由，
提议由毛泽东代理宣传部长。毛泽东到国民党中央宣传部主持工
作后深入调查研究，制定宣传工作方案，创办报纸杂志，秘密发
展交通局和交通站，建立中央宣传部图书资料室，以革命的精神
改造国民党。

　　经过杨匏安、谭平山等人的具体筹备，国民党广东省第一次

第一次国共合作实现后，国民党决定建立地方执行部。图为国民党广东省党部成立时委员合影

代表大会在 1925 年 10 月 10 日至 26 日顺利召开，杨匏安高票当选为执行委员。11 月 4 日，杨匏安又被选为广东省党部常务委员兼组织部长。杨匏安在国民党内是中央组织部秘书和广东省党部常委兼组织部长，在共产党内是中共广东区委的监委副书记和驻国民党中央党团副主席。他以这样的身份组织调配各方力量，组织数以千计的骨干投入到东征、南征的队伍中去，开展发展党员和建立党组织的工作。

广东统一后，在国民党和国民政府向何处去的问题上，又面临着严重的斗争。随着革命形势的高涨，国民党内部除了原有的老右派，又分化出反对阶级斗争的新右派，蒋介石是新右派的核心人物。共产党人和国民党左派意图将革命发展到全国，完成孙中山北伐、统一中国的遗愿。因此，需要召开国民党代表大会来确定革命势力在国民党中央和国民政府中的优势及领导权。谭平山、林伯渠等大力推动召开国民党全国第二次代表大会。杨匏安作为国民党中央组织部秘书，参与并指导了国民党二大的筹备工作。他和组织部长谭平山商定，尽量发展共产党员，壮大国民党左派力量，以确保出席代表大会的代表中革命派能够占据优势。毛泽东和中共广东区委陈延年、周恩来等人对国民党二大都非常重视。他们与谭平山、杨匏安研究分析如何在国民党二大上打击右派，尤其是打击"西山会议派"，在选举中如何多选左派，使左派尽可能在中央占绝对优势。但是，中共中央陈独秀等人却主动妥协，认为共产党不应该包办国民党的事务，只要对"西山会议派"进行打击就可以了。

1926 年 1 月 1 日至 19 日，国民党第二次全国代表大会在广州召开。会议对"西山会议派"作出纪律制裁，但是由于共产党人的妥协退让，选出的代表中共产党员比较少，反而让很多新老右派成为中央委员，与"廖案"关系密切的邓泽如、胡汉民等人

中国国民党第二届中央执行委员会开会合影

还留在中央。在随后召开的国民党二届一中全会上,杨匏安又与谭平山、林伯渠一起被推选为中央常务委员会委员,并同时被确定为中央常委会秘书处的秘书。

2月1日,国民党中央执行委员会常务委员会召开会议。会议由汪精卫主持,杨匏安出席会议,讨论各地党委问题和国民党军政问题,这对抵制国民党向右转提供了一定的有利条件。但是,蒋介石借清查"廖案"的幌子不断扩大自己的实力,政治野心迅速膨胀。他要从国民党左派和共产党人手中把国民党中央最高权力夺过来,实行他的独裁统治。

国民党二大后,蒋介石就勾结广州的新老右派,四处散播谣言,大肆挑拨国共关系。1926年3月20日,蒋介石制造"中山舰事件"。他先是指定由共产党员负责的中山舰待命,后又否认命令，在广州实行戒严，收缴工人纠察队枪支，还派兵去黄埔军校监视共产党人、国民党左派人士和进步师生，以此打击共产党和汪精卫，夺取和控制国民党更多的权力。事后，毛泽东和谭平山、杨匏安等共产党人做出了强烈的抗议。但是由于中共中央执行委员会领导人的妥协，抵制和反击国民党新右派的努力落空。蒋介石通过制造中山舰事件，又进一步扩大了自己的势力和地位。而汪精卫一气之下离职，去法国养病了。

杨匏安对蒋介石的做法非常警觉。杨匏安的母亲见过蒋介石，曾对杨匏安说："蒋介石是个滑头仔，你们可要小心他。"杨匏安认为，要大力发展共产党领导下的革命力量，发展党的组织，才能对付以蒋介石为首的国民党新右派。1926年5月，杨匏安在参加第二次全国劳动大会和广东第二次农民代表大会期间，根据党组织的安排，召集出席代表大会的共产党员开会，通报了中山舰事件，分析了国共两党的形势，指出新右派掌握权力蓄意破坏革命，维护革命统一战线的最好办法就是大力发展革命力量。他号召共产党员代表回到全国各地后，要大力发展党员，壮大革命力量。

5月15日至25日，蒋介石在国民党二届二中全会中，又炮制了"整理党务案"，规定共产党员在各级党部任执行委员的人数不得超过全体委员的三分之一、共产党员不得担任国民党中央各部部长、加入国民党的共产党员名单须全部交出等，以进一步削弱和打击共产党在国民党内的力量。开会前一天，蒋介石召见谭平山等人，威胁共产党人不要在会上"闹事"。而出席会议的毛泽东、谭平山、杨匏安、恽代英等人坚决反对这些规定。但是中共中央执行委员会的代表、共产国际的代表却接受了这个提案。谭平山、毛泽东、刘伯垂、林伯渠、杨匏安等分别被迫辞去了国民党中央组织部部长、中央宣传部代部长、中央党部秘书长、中央农民部部长、中央常务委员会秘书等职务。蒋介石继续将自己的党羽安插到各部中，自己亲自兼任中央组织部部长、军人部部长和国民革命军总司令等。蒋介石还把杨匏安的国民党中央组织部秘书职务免掉，改由陈果夫接替。不久，陈果夫又直接代替蒋介石主持组织部工作。

尽管如此，杨匏安还是尽一切努力抵制国民党右派势力，力所能及地进行国共合作的工作。杨匏安虽然被免掉了国民党中央常务委员会秘书和国民党中央组织部秘书的职务，但他仍然是国民党中央执行委员和中央执行委员会常务委员，同时兼任广东省党部常务委员和组织部长。他在工作中有突出的成绩，有丰富的经验，也有很高的威望。杨匏安对蒋介石排斥打击共产党人和国民党左派人士、安插自己亲信的行为，进行了针锋相对的斗争。陈果夫对组织部现有人员实行软硬兼施、拉拢分化时，杨匏安也出面进行了干预和抵制。比如陈果夫为拉拢事务组两个姓杨的工作人员，而肆意给他们升级奖励，杨匏安即给予阻止。

8月下旬，汪精卫写信给国民党中央，要求回国。杨匏安在国民党中央常委会了解到这个消息后，立即通报给中共广东区委，并与何香凝、毛泽东等人商量处置办法。他们一致认为，公布汪精卫的来信，并请他销假复职，是一个约束和抵制蒋介石新右派势力的好办法。于是他们策划了一场"迎汪复职"运动，大造"迎汪复职"的舆论，也得到了中共中央执行委员会的支持。10月，国民党召开中央执行委员会暨各省区、各特别市、海外总支部代表联席会议。杨匏安和毛泽东、吴玉章、恽代英等共产党人与宋庆龄、何香凝等国民党左派出席了会议。会议针对新、老右派相互勾结，破坏革命统一战线、破坏革命、压迫民众等的种种行径，通过了一些有利于革命的文件。而在"迎汪复职"这个问题上，会议斗争激烈，共产党人和国民党左派曾提出议案，恢复汪精卫职务，罢免蒋介石的中央常委会主席及张静江的代理主席职务，遭到右派势力的蛮横反对。会议最终通过了《请汪精卫销假案》，但没有达到罢免蒋的目的。之后蒋汪的行为表明，这也只是杨匏安等共产党人和国民党左派试图抵制右派、维护革命的一种努力。

辗转岁月

YANG PAOAN

奔赴武汉

1926年7月，北伐战争开始，杨匏安留在广州主持国民党广东省党部的工作。11月，国民政府和中央党部自广州迁往武汉，以蒋介石为首的国民党新右派渐渐改变广东政局，逐步篡夺广东党政军的最高领导权。杨匏安利用自己担任国民党中央执行委员会常务委员、广东省党部常务委员兼组织部长的职务和国共合作以来在国民党内的影响与国民党右派继续展开坚决的斗争。1926年底，蒋介石安排亲信到广州，暗中策划右派势力控制广东。中共广东区委和杨匏安等共产党人，意识到事态的严重性，指出国民党广东省党部应加快改选，以恢复广东左派掌权的局面。1926年11月5日，国民党广东省党部召开会议作出改组党部的决定，并推选杨匏安等5人负责改组的筹备工作。杨匏安加紧各项准备工作。

另一方面，国民党新右派也在加紧行动。蒋介石的心腹张静江操纵国民党中央政治委员会，作出改组广东省政府的决定，任命李济深等11人为广东省政府委员。李济深等5人又组成特别委员会，接管了广州特别市党部，1926年12月21日又成立了以李济深为首的国民党政治会议广州分会，全权负责国民党中央北迁后的广东、广西、福建的党政事务。他们还知会杨匏安等人正在加紧改组的国民党广东省党部，改选成员名单要经政治分会圈定。

按照杨匏安等共产党人原来的计划，是要通过改选使国民党左派在新组成的国民党执行委员会中占据绝对的优势。但是当省代表大会将名单递交给广州分会时，名单中的左派被砍掉了一大半，变成了右派占据绝对的优势。政治分会还撤掉了杨匏安原来组织部长的职务，其他各部的部长也基本上由国民党右派把持。这样，广东的党政军大权就完全被国民党右派控制了。

面对国民党右派明目张胆的独裁行径，共产党人和国民党左派积极进行反对蒋介石的运动。这时，武汉联席会议与南昌的蒋介石之间爆发了尖锐的冲突。1927年2月21日，国民政府公开宣布在武汉正式办公，领导各地恢复党权运动，得到共产党人的完全支持。在国民革命新的发展形势下，中共中央执行委员会决定在武汉筹备召开第五次全国代表大会，制定新的方针政策。杨匏安当时既是国民党中央常委，又是出席中共五大的代表，所以他需要离开广州奔赴武汉。杨匏安在处理好广州的各项工作、安排好各项事务之后，就与谭平山还有共产国际代表罗易一同前往武汉。由于武汉的国民政府催得很急，他们决定坐飞机赶赴武汉。但是国民党右派从中作梗，他们几次带着行李、穿上棉衣赶去机场，都被告知飞机出了故障不能登机。最后，只得改由陆路

谭平山、杨匏安赴武汉途中与国民党湖南省委党部成员合影

前往武汉，先是坐火车到韶关，然后翻山越岭进入湖南，再坐火车到汉口。4月3日傍晚，他们到达汉口，住进东方大旅馆。

1927年4月12日，就在杨匏安到达武汉开展工作后不久，蒋介石在上海发动反革命政变，大肆屠杀共产党人和革命群众。4月15日，广东也发生反革命政变，国民党反动派向革命人民举起屠刀，大批共产党员和革命志士倒在血泊之中。消息传来，武汉立刻响起讨伐蒋介石的呼声。杨匏安在武汉国民党中央机关参加了声讨蒋介石叛变革命的活动。4月22日，他与国民党中央执行委员、中央候补监委员、国民政府委员、军事委员会委员联合

四一二反革命政变中，反动派屠杀革命群众

署名发表"讨蒋通电"，痛斥蒋介石勾结帝国主义、背叛国民革命、背叛人民，屠杀革命群众的滔天罪行，号召全国人民"去此总理之叛徒，本党之败类，民众之蟊贼"。

广东原有的国共合作的组织机构被蒋介石发动的反革命政变彻底摧毁了。4月15日，广东成立了以李济深为首的国民党广东特别委员会，取代原来的省党部，同时还撤销了杨匏安的常委一职。于是，国民党武汉中央委员会在1927年5月6日召开会议，决定重新组织国民党政治委员会广州分会，同时决定成立国民党闽粤桂三省党部驻汉办事处，指定杨匏安和武汉市公安局长江董琴负责。

1927年4月27日到5月9日，中国共产党第五次全国代表大会在武汉召开，杨匏安参加了大会。中共五大第一次选举产生了中央监察委员会，杨匏安当选为中央监察委员。但是，面对国民党反动派相继发动的反革命政变、大批同志倒在血泊之中的残酷现实，大会在如何对待武汉国民政府和国民党、如何建立党领导的革命武装等问题上未能拿出有效的具体应对措施。参加完五大后，杨匏安立即投入到组建国共合作的国民党闽粤桂三省党部

1927年4月27日到5月9日，中国共产党在武汉召开第五次全国代表大会。图为大会开幕地点的武昌高等师范第一附属小学

驻汉办事处的工作中。从 1927 年 5 月下旬开始，杨匏安连续在汉口《民国日报》刊登《闽粤桂三省党部驻汉办事处启事》，通告国民党闽粤桂三省党部驻汉办事处已经成立的消息，表示"凡闽粤桂三省党部同志被压至汉者，请按址前来报到，以便审查招待"。同时杨匏安还按照国民党中央执行委员会的决定，参加组建了"被难同志救恤委员会"，救恤来自北京、天津、上海、广州、重庆等地的同志。武汉国民政府随后又决定加强全国的济难工作，调派了包括杨匏安在内的大批同志去组建中国济难会的领导机构。6 月 29 日，杨匏安和恽代英、潘汉年、郭沫若、刘清扬、何叔衡等人在汉口召开中国济难会全国总会及各省干事联席会议，杨匏安被推选为中国济难会全国总干事会委员。

面对东征讨蒋的呼声，武汉国民政府调兵遣将，准备东征讨伐蒋介石。杨匏安也赞成东征讨蒋，曾一度想随军参战。为积极推动武汉国民政府东征讨伐蒋介石，杨匏安做了大量的宣传工作。他先是联络国民党左派开展总理纪念周活动，声讨背叛孙总理事业的叛徒，又以国民党粤桂三省党部驻汉办事处的名义，在6 月 13 日发表宣言，揭露蒋介石勾结帝国主义的种种罪行，号召工人、农民、工商业者拥护政府法令，支持讨蒋、支持国民革命。在共产党人、国民党左派以及广大人民群众的大力呼吁下，1927 年 7 月初，武汉国民政府下令东征讨伐蒋介石。

正当国民革命军从武汉出发，向江西九江推进的时候，汪精卫发动了反革命政变，东征讨蒋的计划被彻底破坏。7月15日，汪精卫在武汉国民党中央召开"分共"会议，决定立即同共产党分离，逼迫共产党人退出武汉国民政府，提出"宁可枉杀一千，不使一人漏网"的口号，对共产党员和革命群众实行大屠杀。"宁汉对立"走向了"宁汉合流"，蒋介石、汪精卫相互勾结，轰轰烈烈的国民大革命失败了。

在这个重要的历史关头，中国共产党人勇敢地从血泊中重新站了起来，组织自己的队伍，挑起了独立领导中国革命、拯救中华民族的历史重任。1927年8月1日，中国共产党在南昌率领自己领导和影响下的武装力量2万余人，发动了南昌起义，打响了武装反抗国民党反动派的第一枪。在起义当天，杨匏安和宋庆龄、邓演达、谭平山、彭泽民、林伯渠等22人在南昌《国民日报》上署名发表了声讨蒋汪反革命罪行的《中央委员会宣言》。宣言指出，蒋介石和汪精卫的武汉与南京所谓党部政府，皆已成为新军阀的工具，曲解三民主义，为背叛总理之罪人，国民革命之罪人，号召一切遵从总理遗志的同志，尤其是国民革命军的忠勇将士，以百折不挠的勇气与蒋汪军阀作坚决的斗争。

1927年8月7日，南昌武装起义尚在进行之时，中共中央又在汉口召开紧急会议。杨匏安以中共中央监委会委员的身份出席了大会，参加了中共中央对大革命失败后中国革命向何处去等问题的讨论。会议总结了大革命失败的教训，批判和纠正了陈独秀的右倾机会主义错误，确定了武装反抗国民党屠杀的政策。会议除了点名批判陈独秀，还点名批判了谭平山以及其他在国民党政府内担任部长的共产党员，这对杨匏安产生了很大的触动。八七会议决定把发动农民、秋收暴动作为当前的主要任务。会后，中共中央决定成立中共中央南方局和中共广东省委，同时派人分赴各地贯彻八七会议精神。不久，中共中央机关迁回上海，以张太雷为书记的中共中央南方局和中共广东省委也相继在香港设立机关，贯彻八七会议的精神，为开展土地革命和武装斗争做全方位的准备工作。

多地奔走

在国共合作失败后，国民党反动派大肆屠杀共产党人之时，杨匏安被迫转入地下秘密斗争。他在原国民党广东省党部妇女部女共产党员的帮助下，躲过敌人搜捕，离开武汉，进入上海，在自己堂妹夫霍志鹏家落脚。不久，为策应南昌起义军进入广东，开展土地革命，进行武装斗争，他又秘密来到香港。

在香港，杨匏安与中共中央南方局、中共广东省委书记张太雷取得联系。张太雷决定利用杨匏安在原国民党中央的特殊身份，去争取国民革命军张发奎部联合广东省武装力量发动起义。

杨匏安堂妹夫霍志鹏　　　　　杨匏安堂妹杨少琴

张发奎部原是大革命时期国民革命军的第四军，受共产党影响较深，在汪精卫叛变革命后，他也没有明确表示反共，所以中共中央对张发奎寄予厚望，在部队改编时，部分共产党员、工人纠察队的骨干进入他的部队。中共中央想争取张发奎部，集合军事力量，重建广东革命根据地。为策反张发奎，杨匏安又由香港秘密返回广州，在老朋友陈大年的帮助下谨慎地开展对张发奎的策反工作。但是经过一段时间的联系和接触，杨匏安发现张发奎已逐渐站到汪精卫一边，并没有谈判的诚意。于是，杨匏安又由广州转到澳门，向设在香港的南方局和广东省委报告，最后终止了与张发奎的谈判。南方局和广东省委决定把全部精力，投入到独立领导广州起义的工作上来。杨匏安在辗转奔走于香港、澳门、广州的同时，也非常关心南昌起义南下部队的情况，心系战友的安危。在得知周恩来在率部起义的过程中得了重病时，他心急如焚。后又得知周恩来已安全抵达香港治病，他才放下心来。

11月，杨匏安在广州积极参与组织发动武装斗争之时，中共中央临时政治局在上海召开会议，处分了南昌起义和秋收起义的许多领导人，同时也处分了谭平山、杨匏安等人。谭平山脱党自由活动，被开除党籍，而杨匏安因与谭平山关系密切而被怀疑参与组织第三党，被取消中央监察委员的资格，并受到留党察看处分。中共中央南方局和中共广东省委书记张太雷带着广州起义的计划在上海参加了这次会议，会后与中央具体研究广州起义的问题。11月17日，中共中央正式决定举行广州起

广州起义主要领导人：左起，中共广东省委书记张太雷、起义军总指挥叶挺、起义军副总指挥叶剑英

义，命令张太雷迅速回香港组建广州起义的指挥机关，并将领导中心由香港移回广州就近发动和领导起义。杨匏安是在由广州返回香港向南方局和广东省委汇报策反张发奎的情况时，从张太雷那里得知自己的处分情况的。他对自己被排除出南方局和广东省委的一切领导机构并受到留党察看的处分，感到非常委屈，但他并没有消极气馁。他愿意接受组织对自己的审查，但同时也声明自己是清白的，请求组织进行复议，并要求党组织给自己安排具体工作。张太雷安慰杨匏安说，党组织会考虑到他的请求。杨匏安在如此艰难的环境中仍然相信组织，忠诚于党，坚持为党工作。

在南洋

党内的惩办主义错误地处分了一大批领导干部。对谭平山和杨匏安的处分，都与第三党有关。他们对处分不服，都要求中央撤销处分。在要求遭到拒绝之后，1928年2月，谭平山在上海与一部分脱党的中共党员和国民党左派成立了中华革命党。而杨匏安在被错误处分期间，处处顾全大局，一切服从组织安排，坚定不移地继续为党工作。1927年11月中下旬，中共广东省委按照中央指示加紧组织广州起义，杨匏安以留党察看的身份请求党组织给自己安排工作，组织上认为南方局管辖的南洋那边正好有适合杨匏安的工作。所以，正当广州起义紧锣密鼓进行准备的时候，杨匏安去了南洋的新加坡、吉隆坡等地，从事党组织委托的工作。

中共广东省委历来重视海外建党工作，早在建党初期，就有党员在南洋发展组织、开展活动。国民革命失败后，大批共产党员为躲避敌人的屠杀，撤退到南洋新加坡、吉隆坡一带。国民党反动派也派人到南洋活动，企图联络英国殖民者将这些共产党员逮捕。南方局和广东省委知道这个情况之后，派人去南洋妥善安置这批同志，同时组织他们回国参加武装起义。省委先是派海员工会骨干张玉阶去执行这个任务，可是他一到新加坡就被英国殖民者逮捕了。于是，南方局就决定派杨匏安再去执行这个任务。因为尽管杨匏安还在被组织审查期间，但态度较好，又有海外工作经验，所以完全能够胜任这一工作。杨匏安接到这个任务之后，立刻秘密启程去南洋。他找到熟悉的澳门洋行老板帮忙，乘货轮南下来到新加坡。在南洋期间，杨匏安通过乡亲的关系，在新加坡、吉隆坡一带活动，尽力联络、安置同志，对被捕同志设法进行营救。

杨匏安身在南洋，仍时刻心系国内革命。他写下两首诗寄给当时在上海居住的堂妹夫霍志鹏：

十一月既望泊舟星架坡港

故乡回首战云深，漏刃投荒万里临。
余日可消行坐卧，感怀休问去来今。
江南有梦迷蛮瘴，海外何人辨雅音？
自笑身闲心独苦，当头皓月伴微吟。

寄小梅

去国六千里，心随云水长。
逃生来绝域，问禁入危邦。
归意能无动？公忠不可忘。
相思凭梦寄，月色满桄榔。

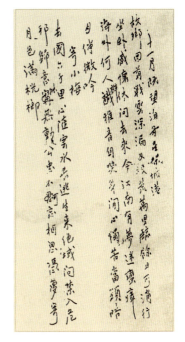

杨匏安诗歌手迹

  杨匏安在南洋所作的这两首诗，表明他在大革命失败后，虽遭受错误处分，流落异国他乡，仍时时"公忠不忘"，渴望回国参加斗争，体现了他对党、对人民、对祖国无限忠诚的崇高境界和高尚情操。

  在杨匏安赴南洋工作期间，广东省委在 1927 年 11 月下旬，由香港迁回广州，准备发动和领导广州起义。12 月 11 日中午，起义军宣告成立广州苏维埃政府。但随即在敌人的残酷镇压下失败了。张太雷壮烈牺牲，广东省委再次撤到香港，杨匏安的家人也在党组织的帮助下由广州来到澳门。

1928年1月，杨匏安从南洋回国。他先在香港向南方局和广东省委汇报南洋工作的情况，后来到澳门与家人团聚。面对风云变幻，杨匏安思绪万千。他的母亲陈智和堂弟杨应广向他谈起恽代英的表现，使他感慨万千。广州起义时，恽代英担任广州苏维埃政府的秘书长，在敌人的疯狂反扑中，广州苏维埃代主席张太雷牺牲，他负责料理善后工作，但他对自己的安危全然不顾，在十分危急繁忙的时刻，依然没有忘记自己老战友杨匏安一家，他找到杨应广嘱咐说，杨匏安在外地工作，无法照顾家中老小，立

恽代英

广州起义失败后伏尸遍地的
永汉路口

即拿这些钱去，见他的母亲要他们全家马上撤出广州，并亲自将
两筒银圆交到杨应广手上。杨应广遵照他的指示，看望了杨匏安
的母亲，杨匏安的全家才得以安全撤到澳门。

　　杨匏安在澳门停留期间，继续向中央申明自己是被冤枉的，
希望中央对他的处分给予复议，并给他安排工作。党组织对杨匏
安的申诉充分理解，不久中共中央就同意杨匏安到上海中央机关
工作。在到上海工作前的 1928 年 2 月 13 日，中共中央机关刊物

《布尔塞维克》发表了杨匏安题为《所谓第三党》的文章。在这篇文章中，杨匏安公开否认自己参加第三党，并对谭平山组织第三党的错误进行了分析和批判。杨匏安对"第三党"产生的原因和实质进行了分析，指出"第三党完全是徘徊在革命与反革命之间的游魂"，因而"第三党"是不可能有光明前途的。《所谓第三党》一文高度体现了杨匏安在大革命失败、受到犯"左倾"错误的领导人的排斥打击之后，依然有着鲜明的无产阶级革命立场和坚定的共产主义信念，表现了杨匏安对党的事业忠贞不渝的革命情操。

血洒浦江

YANG PAOAN

从事编译工作

1928年清明节，杨匏安在党组织的安排下来到上海，住在西华德路慧源里，一边在中央机关出版社从事编辑、校对等工作，一边继续接受党组织的审查。同时，他还进行革命文化工作，积极参与革命文化团体的活动。当时，蒋光慈、钱杏邨、林伯修等人在上海发起成立了革命文学组织太阳社，他与瞿秋白、罗绮园、高语罕、郑超麟等一起出席了成立大会，还以笔名在太阳社的刊物上发表小说。杨匏安到上海不久，他的家人也由党组织安

上海外滩

太阳社旧址

太阳社出版的部分刊物

排来到上海，分散住在党的印刷所和交通站里，掩护革命活动。

　　杨匏安从家人那里了解到，广州起义失败后，中共广东省委又多次遭到敌人破坏，许多熟悉的同志或被敌人逮捕或被敌人杀害了，不过他的堂叔杨章甫、堂弟杨应广和好友潘兆銮等人已转移出广州。杨匏安向家人分析了当前的险恶局势，交代工作方法、布置工作任务。他告诉家人，革命工作面对的就是危险的环

1929 年的吴佩琪

境，要随时有坐牢、杀头的心理准备，要做最坏的打算。他要求家人在工作中保守秘密，绝不能暴露身份，而且还要经常变换各种身份，也要时常搬家变换住址。他还要求家里每个人的口袋里都要装着两毛钱，平常不可以使用，只有在党的机关暴露或与组织失去联系的紧急情况下才可以使用。他要求家人尽力为党工作，参加印刷材料、传递消息、掩护同志等工作，还要学会自谋生计，尽量减轻党组织的负担。所以，他的母亲、妻子经营女红，还教小孩读书；庶母关秀英经营食品摊，并负责秘密机关的保卫工作。

在上海工作期间，杨匏安的身体已经非常不好了，常常咳嗽不已，经济状况也是非常拮据。但他在做好编辑工作的同时，还积极参加太阳社的各种活动。在参加这些社会文化团体的活动中，杨匏安发现太阳社有一个很不好的现象，就是有些人组织对革命文学旗手鲁迅的围攻，并进行了很多非原则性的争论。他向当时的中央文化工作委员会书记潘汉年反映了这个情况，要求转告党中央纠正这种不良的倾向。在中央工作的周恩来和潘汉年一起来到杨匏安的住所探望他，并了解相关情况。中央经过调查研究后，也认为鲁迅和太阳社等文化团体之间并没有原则性的分歧，为了革命事业应该以大局为重，团结起来共同战斗，并且引导他们先后成立了左翼作家联盟和左翼戏剧家联盟，从而有力地

潘汉年

促进了中国革命文化事业的发展。

　　杨匏安在上海参加革命文化活动的同时，了解到当时无论是苏区还是白区，对马克思主义理论的学习都有迫切的需要，苏区同志还来信希望中央能够解决苏区群众理论教育的教材问题。杨匏安马上四处搜集材料，他参考朋友从苏联东方大学带回的资料，准备编写一本名叫《西洋史要》的教材。他与太阳社的林伯修约定在1929年的秋季开学前，由南强书局正式出版这本书。在编写这本书的过程中，康若愚也来到上海。康若愚在广州起义失败后，被国民党反动派判了两年的徒刑。田汉在广州活动时知道了她的情况，便展开营救工作，把她担保出来，并带到上海。

她在田汉创办的月刊上连续发表文章，很快被正在从事革命文化活动的杨匏安发现了，所以他通过太阳社找到了她。康若愚便经常协助杨匏安从事《西洋史要》的编写工作。在写作过程中，杨匏安面临艰辛的生活磨难、缠身的疾病煎熬、白色恐怖的威胁，他百折不挠，刻苦努力，依靠顽强的毅力，付出艰苦的劳动，终于完成了《西洋史要》的编写工作。1929年7月，《西洋史要》以王纯一的笔名如期正式出版。

《西洋史要》是我国最早一部用马克思主义的立场、观点、方

《西洋史要》

杨匏安写作时用过的烟斗

法编写的西方近代史著作。全书围绕着生产力与生产关系、经济
基础与上层建筑的矛盾运动而展开，共20多万字，分18章，依
次叙述了封建时代、商业资本时代、农民战争、资产阶级革命、
英国工业革命、法国大革命、小资产阶级专政时期、资产阶级反
动时期、英国的宪章运动、法国一八四八年革命、一八四八年
德国革命、欧美民族解放运动及民族统一运动、第一国际、法国
一八七〇年革命、帝国主义时代、第二国际、大战后的资本主义、
大战后的革命运动等内容。《西洋史要》梳理出西欧工人运动和共
产主义运动发展的基本线索，歌颂了劳动人民创造历史的功绩和
国际共产主义运动的贡献，在我国相关著作中属于首创。该书出
版后受到热烈欢迎，直到杨匏安牺牲后的若干年还不断再版。

身陷囹圄

当时，中国共产党正在进行土地革命，各革命根据地都在进
行土地改革，因而对如何进行土地改革、如何制定土地革命路线

和完善各项方针政策、如何培训土地革命的干部等相关内容，都有着迫切的理论需要。因此，杨匏安在完成《西洋史要》之后，又与上海南强书局商量再出版一部名叫《地租论》的书，提供西方资本主义世界和东方社会主义苏联在消灭封建社会之后如何处理地租问题的经验和理论，以供中国共产党进行土地革命的参考。

杨匏安首先翻译了拉比杜斯著的《地租论》，又从《列宁全集》中选择了《社会民主党在1905—1907年俄国第一次革命中的土地纲领》等文的部分章节以《伊里几的地租论》为题作为附录列入书中，另有一篇附录是《苏联经济中农民分化过程的特征》。由此，合编了《地租论》一书。《地租论》全书共3章，7万多字。该书对地租的实质和形式、地租的作用和发展的重大意义等，进行了比较详尽的论述，还附有供学员进一步思考的问题，是一本名副其实的指导如何开展土地革命的教科书。这对当时各革命根据地在土地革命战争中制定土地革命的路线和相关政策，解决土地革命的基本问题，都具有重要的参考作用。

1930年初，就在杨匏安基本完成《地租论》的编译工作、尚未交付出版社的时候，他所在的《红旗》报印刷机关遭到敌人的破坏，他因此被捕，被关进提篮桥监狱。但由于他当时使用的是化名，真实身份并未暴露。周恩来等中央领导同志通过律师协会全力组织营救。周恩来还冒着白色恐怖的危险去看望杨匏安的母亲和家人，安慰他们，并表示党组织一定会想一切办法、尽一切力量把杨匏安尽快地营救出来。此举令杨匏安的母亲陈智非常感动，她也请周恩来等中央领导人多注意安全。

杨匏安在狱中和律师密切配合，与敌人斗智斗勇，终于在被扣押了8个月之后重获自由。在出狱前，他就通过家人和朋友安排好了新编译的《地租论》的出版工作。在狱中的这段时间，他的家人处境更加危险，生活更加艰难，因此有人开始有怨言了。

《地租论》

杨匏安知道这些情况，所以他在出狱的当晚，就召开了一次重要的家庭会议，讨论全家今后应该怎么办的问题。杨匏安最大的两个儿子当时都十几岁了，在党的印刷机关当学徒，已经懂事，他们首先表示要跟着爸爸走革命的路。但也有人说，我们做这些事情，既没钱又危险，小孩没书读，上街都提心吊胆的，是不是要回到老家去，那样会好些。杨匏安坚定地说，再穷再危险，也要革命到底，不能半途而废。全家人都被他彻底革命的精神所感动，七八个大人再无异议。杨匏安的母亲陈智也激动地对杨匏安说，既然这样，我们全家人都支持你。她又对孙子说，既然你们都表示要跟爸爸走，那就要听话，并且要记住，革命是要流血的，你们不要希望，革命成功之后给你们什么报酬，说不定哪天我们就都牺牲了，要有这个思想准备，要下好这个决心。那天晚上的情形，对杨匏安全家的教育非常深刻。杨匏安的孩子在五十多年后回忆起这件事，仍觉得当时的场景历历在目，感觉祖母、父亲的话还响在耳边。

杨匏安出狱后，被中央任命为中共农民运动委员会的副部长。但是，这时的杨匏安已患上了严重的肺病，再加上 8 个月的监狱摧残，他的身体更差了，常常喘不上气，但他的革命精神更加旺盛。当时，中共中央以中国互济会的名义在上海举办了一个干部训练班，约一个月一期，每期人数 30 至 40 人，主要培养中央苏区和全国各地中层党员领导干部。他不顾自己身患重病，仍然不辞劳苦，担任教师给学员讲课。

在白色恐怖极其严重的上海，党的活动经费十分困难。杨匏安一家人口多，生活异常艰难。他共育有 7 个孩子，有两个孩子却因无钱医治而夭折。他自己身患肺病，妻子的身体也不是很好。虽然杨匏安和家人的生活非常艰苦，但他却十分关心党的事业，一旦拿到一笔较大的稿费，他还会用以前在国民党中央担任常委时处理薪水的办法，除了给自己及家人留一点生活费外，其余大部分都交给党组织作为革命经费。为了弥补家用，他除了晚

杨匏安的子女，摄于 1927 年

上从事写作和翻译之外，还要帮助家人推磨做米糍，以保证第二天他的母亲和小孩可以上街卖货。他的一家无论老少，都经常为党组织传递信息、站岗放哨，为革命事业作出了重要贡献。

慷慨一别

1931年夏天，杨匏安第三次出狱后，进入中共中央工作。正当他准备为党的事业更加有所作为的时候，中共中央宣传部负责人罗绮园因生活作风问题，被叛徒向蒋介石告密，导致杨匏安等16人被捕。

在1931年7月25日凌晨，淞沪警备司令部侦察队会同公共租界捕房的巡捕，分头对叛徒出卖的5个地点实施搜捕，逮捕了杨匏安、罗绮园等12名共产党员。杨匏安当时住在东有恒路公平路景星里，一群荷枪实弹的巡捕和国民党警察突然冲进杨匏安的家，开口就要找杨匏安。杨匏安知道自己的身份可能暴露了，但他十分地镇定。他说他叫陈君复，不叫杨匏安。敌人不给他任何辩解的机会，不由分说立即将他逮捕，并对他的家进行彻底搜查。但只搜到共产主义书籍一网篮及著作一卷，从杨匏安身上也只搜到5元票一张、1元票二张、眼镜一副。他们随即将杨匏安强行押走，他的夫人赶紧给他找了几件衣服带上，不曾想这竟是永别。

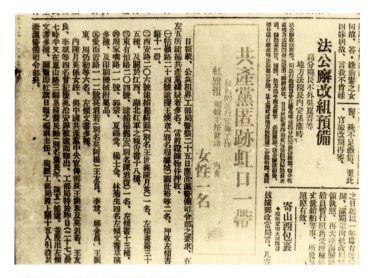

《时报》关于杨匏安等被捕的报道

　　杨匏安先是被关押在公共租界上海工部局的汇山捕房，敌人对他进行审讯。他除了坚持说自己是陈君复外，什么也不说。当天晚上，一个叛徒来找杨匏安谈话，告诉他国民党已经知道他的真实姓名和身份了。他随即被引渡到淞沪警备司令部受审。叛徒又来劝告杨匏安，要为了个人前途着想，最好自首，否则难有活路。杨匏安见自己的身份已经暴露，就干脆表明自己准备牺牲。第二天杨匏安被押到国民党法院受审，有叛徒当庭指证杨匏安是国民党南京来电指名要抓的重要罪犯，于是杨匏安被宣布犯了"危害民国罪"。7月27日，杨匏安又被移交到淞沪警备司令部侦

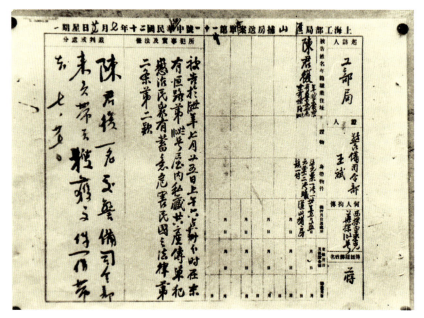

杨匏安被引渡受审的移交单

查队，关押在南市的白云观。

白云观在四一二反革命政变后，就已经变成了专门关押政治犯的地方。杨匏安在这里与几个难友关在一起，其中有一个叫胡向荣的中学生、一个姓陈的大学生，还有两名工人，都是被叛徒出卖的共产党员。杨匏安在狱中经常给他们讲述革命道理，鼓励他们好好学习，出去后要继续革命。这时，杨匏安的身份已经公开，虽然身体虚弱，但神情自若，还经常与人下棋。敌人对这个

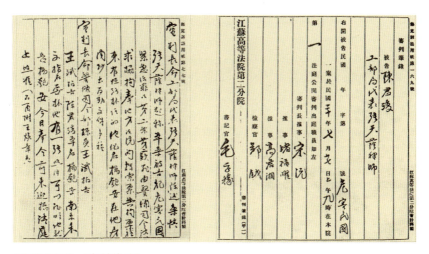

"逮捕令"和"审判笔录"

南京政府指名要抓捕的前国民党中央常委给予了特别礼遇，未曾对他使用大刑，但他要经常接受国民党要人的劝降谈话。

杨匏安随后又被押解到龙华淞沪警备司令部看守所关押。蒋介石亲自安排对杨匏安的劝降活动，先是派熊式辉、吴铁城等国民党要人劝杨匏安投降，但都被杨匏安严词拒绝，他表示自己宁愿死也不会向国民党反动派投降。接着蒋介石又搬出国民党元老吴稚晖作说客劝降，也告失败。蒋介石给杨匏安写了两封亲笔信，通过警备司令部交给杨匏安，劝他归顺国民党。杨匏安直接把信给撕了。蒋介石又亲自给杨匏安打电话，要警备司令部把杨匏安带到办公室电话旁，杨匏安就是不接电话，警备司令硬把话筒塞给他，杨匏安直接把话筒给摔了。蒋介石大怒，下达了"就地枪毙，让他秘密消失"的命令。

杨匏安被捕后，中共中央周恩来等领导人曾千方百计设法营救。周恩来委托聂荣臻、潘汉年与宋庆龄、何香凝联系救助，两位夫人也曾向蒋介石交涉。周恩来等中央领导人还判断敌人会把杨匏安押到南京，准备在国民党押解的途中进行武装营救，但狡猾的蒋介石做出了让杨匏安就地消失的决定，使得共产党人的营救计划无法实施。

杨匏安在狱中写给家人的遗书，传到了他的家人手里。这是一张用铅笔写的纸条，上面写道：近日有南京方面的人来劝我，我不为所动，家人千万不要接受这些人的钱和物，如果不能生活，就立即南返，玄儿不可顽皮，缝纫机不可卖掉。这是杨匏安在身份暴露做好牺牲准备之后写给家人的诀别信。他告诉家人，他是绝对不会投降的，准备为革命牺牲自己的生命，希望家里再困难也不能接受国民党的财物，要革命到底，叮嘱孩子们要听话，继承他的遗志。

在狱中，杨匏安不仅自己对党忠贞不渝，还经常以革命者应有的气节教育其他同志，鼓励他们坚持斗争，忠于革命，忠于党。杨匏安还写下了许多壮丽的诗篇，只可惜大都已失传，有一些诗句经难友的传诵而流传下来。经过几十年的岁月之后，有

杨匏安诗亭

些难友也只能记住其中的一两句，如"杀头何足惜，名节最堪珍""赴汤归来又蹈火"等。流传下来比较完整的一首，是题为《示难友》的五言律诗。这首诗是：

慷慨登车去，相期一节全。
残生无可恋，大敌正当前。
知止穷张俭，迟行笑褚渊。
从兹分手别，对视莫潸然！

这是一首就义诗，充分表现了杨匏安大义凛然、威武不屈的革命气概。据难友回忆，这首诗是杨匏安被敌人由租界捕房引渡

杨匏安烈士墓碑

到淞沪警备司令部侦查队途中所作的。当时他已做好牺牲的准备，但是看到有人意志消沉，他作了这首诗用以鼓励难友危难关头继续坚持革命气节，永不叛党。这首诗也成为杨匏安留给后人的一份宝贵的精神遗产，抗日战争时期周恩来曾多次用这首诗来勉励同志。

1931年8月的一天，敌人以提审为名，将杨匏安等8人秘密枪杀在淞沪警备司令部内的一块荒地上，并将烈士的遗体秘密处理。杨匏安为了中国人民的革命事业献出了他短暂而辉煌的生命。烈士已逝，浩气长存。杨匏安在革命生涯中所表现出的崇高思想、英勇事迹和壮丽诗篇在中国共产党人和中国人民心中已筑起了一座巍巍的丰碑，激励着无数共产党人、仁人志士奋勇向前。

珠海市委市政府 1986 年为杨匏安立的铜像

杨匏安大事年表

1896 年

11 月 6 日（农历十月初二） 出生在广东省中山县南屏乡北山村一个破落商人家庭。

1902 年

进杨家大私塾读书。

1905 年

进恭都学堂学习。

1908 年

参加在恭都学堂附近民众反抗澳门葡萄牙殖民当局扩张地界的斗争。

1910 年

恭都学堂毕业，考入广东高等学堂附中。

1914 年

在恭都学堂任教，因揭露校长贪污，被诬陷入狱。

1915 年

春 出狱后，与堂叔杨章甫等人一起东渡日本游学。

1916 年

秋 由日本横滨回国，奉母命与吴佩琪结婚。婚后到澳门当私塾教师。

1917 年

10 月 15 日 在上海《东方杂志》发表译作《原梦》。

1918 年

春 举家迁往广州，寄居杨家祠，任时敏中学教务长，并负责《广东中华新报》的"世界新语"专栏。

3 月 14 日至 22 日 发表短篇小说《王呆子》。

1919 年

3 月 3 日至 5 日 发表《永久的平和果可期乎？》。

5 月 参加广州的五四运动。

5 月 21 日至 6 月 27 日 发表《青年心理讲话》。

6 月 28 日至 10 月 18 日 在《广东中华新报》新辟专栏"通俗大学校"上以《美学拾零》为总题目介绍西方美学思想。

7 月 12 日至 12 月 15 日 在"通俗大学校"专栏以《世界学说》为总题目介绍西方各派哲学思想和社会思想，其中详细介绍了马克思的社会主义理论。

10 月 18 日至 28 日 发表《社会主义》。

11 月 11 日至 12 月 4 日 发表《马克斯主义（一称科学的

社会主义）》。

1920 年

11 月　由谭平山介绍加入广州社会主义青年团。

1921 年

2 月　与堂叔杨章甫在杨家祠办注音字母训练班。

春　由谭平山介绍，参加中国共产党。

4 月至 6 月　支持阮啸仙等人发动的甲种工业学校学生改造学校的"读书运动"。

1922 年

2 月 26 日　负责的广东社会主义青年团机关刊物《青年周刊》正式出版。

3 月 20 日至 4 月 9 日　在《青年周刊》连载《马克斯主义浅说》。

4 月底 5 月初　参加第一次全国劳动大会和青年团全国第一次代表大会的筹备和接待工作。

10 月　代理广东团委书记。

1923 年

春　被免去广东团委代理书记职务。

5 月 13 日　被整顿后的广东青年团选为团区委候补委员。

6 月　与杨章甫、杨殷等人参加中共三大具体事务的筹备和接待工作。

10 月 11 日 与潘兆銮一起被中共广东区委派往广州第十区，帮助国民党开展改组试点工作。

12 月 参加孙中山争回"关余"的斗争。

1924 年

1 月 31 日 被推举为国民党中央组织部秘书。

10 月 与周恩来、谭平山等紧密配合，推动孙中山革命政府平定广州商团叛乱。

11 月 6 日 任国民党中央组织部代理部长。

1925 年

1 月 在中共广东区委的改选会议上，被选为监委副书记，继续与谭平山一起任区委驻国民党中央的党团书记。

3 月 12 日 孙中山在北京逝世当天，与谭平山一起组织主持悼念孙中山的会议。

5 月上旬 坐镇芳村永乐园秘密指挥部，与在士敏土厂的廖仲恺保持密切联系，协调国共两党粉碎杨刘叛乱。

6 月 会同中华总工会秘书长邓中夏，前往香港参加发动和领导省港大罢工。

7 月 1 日晚 被港英警察以"煽动罢工罪"逮捕入狱。在狱中坚持斗争，50 天后获释。

8月20日　由香港回到广州当天，出席"廖案"缉凶会议，全力投入追查凶手和料理廖仲恺后事。

11月4日　被国民党广东省党部执行委员会和监察委员会联席会议推举为省党部常务委员兼组织部部长。

12月　与谭平山、林伯渠等一起参加筹备国民党全国第二次代表大会的工作。

1926年

1月1日　被国民党第二次全国代表大会推举参加党务报告审查委员会。大会期间作了"廖案"清查报告。

1月20日　被国民党第二次全国代表大会选为中央执行委员，与谭平山、林伯渠被国民党二届一中全会选为中央常委，并被确定为中央常委会秘书处的秘书。

5月15日至25日　与毛泽东、谭平山、恽代英、林伯渠等人一起，反对蒋介石主持的国民党二届二中全会炮制"整理党务案"。

8月下旬　与何香凝、毛泽东、吴玉章等人策划，开展"迎汪复职"活动。

11月25日至29日　在国民党广东省党部改选大会上被选为省党部执行委员会委员和常务委员。

1927年

4月3日　与谭平山及共产国际代表罗易一起到达武汉。

4月22日　与武汉国民党中央执行委员、中央候补委员、国民政府委员、军事委员会委员联合署名，发表"讨蒋通电"。

4月27日至5月9日　出席中共第五次全国代表大会，被选为中央监察委员。

5月6日　与武汉市公安局长江董琴一起被武汉国民党中央常委会委派负责组织成立国民党闽粤桂三省党部驻汉办事处。

8月1日　与参加国民党中央的共产党人及国民党左派联合署名在南昌《国民日报》上发表声讨蒋、汪反革命罪行的《中央委员宣言》。

8月7日　出席中共在汉口召开的紧急会议（即八七会议）。

8月11日　被汪精卫主持召开的武汉国民党中央政治委员会会议撤掉中央执行委员职务和开除国民党党籍，转到上海工作。

9、10月间　为策反军阀张发奎，由上海返回广东，在广州、香港、澳门之间来回秘密奔走。

11月9日　被错误撤销中共中央监察委员会委员职务。

11月下旬至翌年1月　去南洋执行任务。

1928年

1月　由南洋回国复命。

2月13日　在中共中央机关刊物《布尔塞维克》上发表题为《所谓第三党》一文。

4 月　到达上海，在中央机关工作。

1929 年

7 月　以王纯一的笔名，由上海南强书局正式出版编译著作《西洋史要》。

1930 年

年初　因《红旗》报印刷机关遭破坏受牵连被捕入狱 8 个月，经组织营救出狱。

6 月　以王纯一的笔名，由上海南强书局出版译著《地租论》。

1931 年

7 月 25 日　因叛徒出卖被捕，8 月被蒋介石下令秘密杀害于上海淞沪警备司令部内。牺牲前留下著名的就义诗《示难友》。

参考文献

1. 中共中央党史研究室：《中国共产党历史》第 1 卷，中共党史出版社 2011 年版。

2. 中共珠海市委党史研究室编：《杨匏安文集》，中央文献出版社 1996 年版。

3. 珠海市社会科学界联合会编：《杨匏安研究文选》，珠海出版社 2008 年版。

4. 珠海市文化广电新闻出版局（版权局）、珠海市博物馆编：《珠海历史人物图志（一）》（杨匏安），珠海出版社 2007 年版。

5. 中共上海市委党史资料征集委员会、上海市民政局合编：《上海英烈传》第 2 卷，百家出版社 1987 年版。

6. 杨匏安：《杨匏安文集》，广东人民出版社 1986 年版。

7. 李坚编：《杨匏安史料与研究》，中共党史出版社 1999 年版。

8. 李坚主编：《杨匏安传论稿》，《广东党史资料丛刊》2003 年第 1 期。

9. 陈善光：《杨匏安传》，珠海出版社 2006 年版。

10. 黄明同、张俊尤：《启蒙思想家·革命家——杨匏安》，广东人民出版社 2008 年版。

后 记

　　冬去春来，自 2020 年 11 月初接到画传写稿的任务后，转眼已到 1 月底交稿的日子。3 个月来，尽管写稿任务在肩，但仍忙碌于各种工作事务之中，只得利用工作间隙，穿插进行搜集材料、阅读材料、撰写文字等工作，这种经历想必其他几位作者也定感同身受。好在春节之后，又借势拖延一段时日，得以从容搜集整理图片。

　　在此过程中，我深深被杨匏安的革命事迹感染。作为中国南方传播马克思主义的第一人，杨匏安积极寻求救国真理，入党后义无反顾投身到革命洪流之中，积极推动国共合作；在受到不公的待遇时，依然无怨无悔，对党无限忠诚；在上海被捕后，拒绝劝降，大义凛然、威武不屈，保持了共产党人的崇高气节，为革命献出了自己宝贵的生命。一代人有一代人的使命，一代人有一代人的担当。在旧社会，无数精英经过人生抉择，为改变国家落后的命运，最终选择革命，并毅然为理想献身。在新时代，在迎来中国共产党成立一百周年之际，在奋力开启全面建设社会主义现代化国家新征程中，我们理应更加奋发有为，不忘初心，牢记我们今日之生活为这些革命先烈用生命所铺就，这也是本书写作的意义所在。

由于年代久远，相关人物回忆较少等多方原因，杨匏安的事迹与相关史料逐渐埋没于故纸堆中。幸亏李坚等各位前辈对相关史料悉心发掘，以及广东、珠海等各界的不懈努力，形成了一批丰富的史料，这对后人认识了解、研究宣传杨匏安大有裨益。

在资料搜集和写作过程中，特别感谢党研室严爱云主任、曹力奋巡视员，研究一处吴海勇处长、陈彩琴副处长，科研处年士萍处长，资料室胡迎老师的支持、帮助、指点，以及中共一大纪念馆薛峰馆长、龙华烈士纪念馆沈申甬老师的帮助，在此一并表示感谢。

囿于时间、疫情之故，没能开展一手资料的搜集，也没有联系杨氏后人，这也是此过程中最为遗憾之事。限于水平有限，时间匆促，难免有疏漏不足之处，敬请批评指正。

作者

图书在版编目(CIP)数据

杨匏安画传/中共上海市委党史研究室,龙华烈士
纪念馆编;董奇著. —上海:上海人民出版社,2021
ISBN 978-7-208-17219-7

Ⅰ.①杨… Ⅱ.①中… ②龙… ③董… Ⅲ.①杨匏安
(1896-1931)-传记-画册 Ⅳ.①K827=6

中国版本图书馆 CIP 数据核字(2021)第 132756 号

责任编辑 沈骁驰
封面设计 周伟伟

杨匏安画传
中共上海市委党史研究室 编
龙 华 烈 士 纪 念 馆
董 奇 著

出　　版　上海人人出版社
　　　　　　(200001　上海福建中路 193 号)
发　　行　上海人民出版社发行中心
印　　刷　上海中华印刷有限公司
开　　本　720×1000　1/16
印　　张　11.5
字　　数　97,000
版　　次　2021 年 7 月第 1 版
印　　次　2021 年 7 月第 1 次印刷
ISBN 978-7-208-17219-7/K·3107
定　　价　58.00 元